中华人民共和国行业推荐性标准

公路桥梁技术状况评定标准

Standards for Technical Condition Evaluation of Highway Bridges

JTG/T H21—2011

主编单位：交通运输部公路科学研究院
批准部门：中华人民共和国交通运输部
实施日期：2011 年 09 月 01 日

人民交通出版社

图书在版编目(CIP)数据

公路桥梁技术状况评定标准：JTG/T H21—2011／交通运输部公路科学研究院主编. --北京：人民交通出版社，2011.8
ISBN 978-7-114-09324-1

Ⅰ．①公… Ⅱ．①交… Ⅲ．①公路桥－技术评估－行业标准－中国 Ⅳ．①U448.14－65

中国版本图书馆 CIP 数据核字(2011)第 157611 号

中华人民共和国行业推荐性标准
公路桥梁技术状况评定标准
JTG/T H21—2011
交通运输部公路科学研究院　主编
人民交通出版社出版发行
(100011　北京市朝阳区安定门外外馆斜街3号)
各地新华书店经销
北京市密东印刷有限公司印刷
开本：880×1230　1/16　印张：8　字数：167千
2011年8月　第1版
2024年11月　第13次印刷
定价：46.00元
ISBN 978-7-114-09324-1

中华人民共和国交通运输部

公 告

2011 年第 41 号

关于公布《公路桥梁技术状况评定标准》(JTG/T H21—2011)的公告

现公布《公路桥梁技术状况评定标准》(JTG/T H21—2011),作为公路工程行业推荐性标准,自 2011 年 9 月 1 日起施行。

该规范的管理权和解释权归交通运输部,日常解释和管理工作由主编单位交通运输部公路科学研究院负责。

请各有关单位在实践中注意总结经验,及时将发现的问题和修改建议函告交通运输部公路科学研究院(地址:北京市海淀区西土城路 8 号,邮政编码:100088),以便修订时参考。

特此公告。

中华人民共和国交通运输部
二〇一一年七月十九日

主题词:公路 桥梁 标准 公告

交通运输部办公厅　　　　　　　　　　　　　　　　2011 年 7 月 20 日印发

前　言

根据原交通部《关于下达2004年度公路工程标准制修订项目计划的通知》(厅公路字〔2004〕165号)的要求,由原交通部公路科学研究所主持《公路桥梁养护质量检查评价标准》的制定工作,此标准在2005年大纲审查会上更名为《公路桥梁技术状况评定标准》。

编写组按照"全面、实用"的指导原则,进行了广泛的调查研究,查阅了大量国内外有关桥梁技术状况评定的文献资料,对国内外公路桥梁评定的实践经验进行消化吸收。为增强标准的可操作性,编写组征求了全国各省市相关单位和专家的意见,在总结经验、广泛征求意见、技术论证及大量试点应用的基础上,完成了编制任务。

本标准按不同桥型进行桥梁评定分类,并细化不同桥型的部件分类;根据不同桥型的部件类型制定评定细则,将评定指标进行细分并提出了量化标准;提出了5类桥梁技术状况单项控制指标;改进了桥梁技术状况的评定模型。

请各有关单位在执行中,将发现的问题和建议,函告交通运输部公路科学研究院(地址:北京市海淀区西土城路8号,邮编:100088,邮箱:xinqiaozp@163.com),以便修订时研用。

主 编 单 位:交通运输部公路科学研究院
主要起草人:李昌铸　张劲泉　夏晓霞　申　强　赵之杰　李万恒　张建升
　　　　　　程寿山　罗贵州　张　臣　刘　渊　张　磊　韩　帅

目　　录

1　总则 ··· 1
2　术语和符号 ··· 2
　2.1　术语 ··· 2
　2.2　符号 ··· 3
3　评定方法及等级分类 ··· 4
　3.1　桥梁技术状况评定方法 ·· 4
　3.2　桥梁技术状况等级分类 ·· 4
　3.3　桥梁技术状况评定工作流程 ·· 6
4　桥梁技术状况评定 ·· 7
　4.1　桥梁技术状况评定计算 ·· 7
　4.2　各结构形式桥梁部件分类及权重值 ·· 9
　4.3　5类桥梁技术状况单项控制指标 ··· 13
5　梁式桥上部结构构件技术状况评定 ·· 15
　5.1　混凝土梁式桥 ·· 15
　5.2　钢梁桥 ··· 19
　5.3　支座 ·· 22
6　拱式桥上部结构构件技术状况评定 ·· 27
　6.1　圬工拱桥 ·· 27
　6.2　钢筋混凝土拱桥 ··· 31
　6.3　钢—混凝土组合拱桥 ··· 43
　6.4　钢拱桥 ··· 50
7　悬索桥主要构件技术状况评定 ··· 51
　7.1　主缆 ·· 51
　7.2　索夹 ·· 52
　7.3　吊索 ·· 53
　7.4　加劲梁 ··· 56
　7.5　索塔 ·· 60
　7.6　索鞍 ·· 62
　7.7　锚碇 ·· 63
　7.8　锚杆 ·· 65
8　斜拉桥主要构件技术状况评定 ··· 66

8.1	斜拉索	66
8.2	斜拉索护套	67
8.3	主梁	69
8.4	索塔	69
8.5	锚具	71
8.6	减震装置	72

9 桥梁下部结构构件技术状况评定 ··· 73
   9.1 桥墩 ··· 73
   9.2 桥台 ··· 77
   9.3 基础 ··· 81
   9.4 翼墙、耳墙 ··· 84
   9.5 锥坡、护坡 ··· 85
   9.6 河床及调治构造物 ··· 85

10 桥面系构件技术状况评定 ··· 87
   10.1 桥面铺装 ··· 87
   10.2 伸缩缝装置 ··· 90
   10.3 人行道 ··· 92
   10.4 栏杆、护栏 ··· 92
   10.5 防排水系统 ··· 93
   10.6 照明、标志 ··· 94

附录A 桥梁检查评定记录表 ··· 95
本标准用词说明 ··· 102
附件 《公路桥梁技术状况评定标准》（JTG/T H21—2011）条文说明 ··· 103
  1 总则 ··· 105
  3 评定方法及等级分类 ··· 106
  4 桥梁技术状况评定 ··· 108
  5 梁式桥上部结构构件技术状况评定 ··· 111
  6 拱式桥上部结构构件技术状况评定 ··· 113
  7 悬索桥主要构件技术状况评定 ··· 114
  8 斜拉桥主要构件技术状况评定 ··· 115
  9 桥梁下部结构构件技术状况评定 ··· 117
  10 桥面系构件技术状况评定 ··· 119

1　总　则

1.0.1 为规范在用公路桥梁技术状况评定,提供桥梁养护决策依据,制定本标准。

1.0.2 本标准适用于各级公路的桥梁技术状况评定。

1.0.3 公路桥梁技术状况的检测采用目测与仪器相结合的方法。

1.0.4 公路桥梁技术状况评定采用分层综合评定与单项指标控制相结合的方法。

1.0.5 公路桥梁技术状况评定的技术资料,应归入桥梁养护技术文档和公路桥梁管理系统。

1.0.6 公路桥梁技术状况评定,除应符合本标准的规定外,尚应符合现行国家和行业有关标准的规定。

2 术语和符号

2.1 术语

2.1.1 桥梁构件 bridge member
组成桥梁结构的最小单元,如一片梁、一个桥墩等。

2.1.2 桥梁部件 bridge component
结构中同类构件的统称,如梁、桥墩等。

2.1.3 蜂窝 voids
混凝土局部不密实或松散,混凝土表面多砂少浆,呈蜂窝状孔洞。

2.1.4 麻面 hungry spots
混凝土表面局部缺浆、粗糙,或有大量小凹坑的现象。

2.1.5 剥落 spalling
混凝土表层脱落、粗集料外露的现象。严重时,成片状脱落,钢筋外露。

2.1.6 掉角 edge failure
构件角边处混凝土局部掉落,或出现不规整缺陷。

2.1.7 裂缝 crack
构件表面的开裂现象。混凝土中裂缝的严重程度,可依据裂缝的产生原因、长度与宽度的大小及其是否随时间而增加等因素来判断。本标准中构件上下底面裂缝根据性状不同分为:网状裂缝、纵向裂缝、横向裂缝、斜向裂缝;侧立面裂缝根据性状不同分为:网状裂缝、竖向裂缝、斜向裂缝、水平裂缝。

2.1.8 跨中挠度 mid-span deflection
桥梁结构或构件在荷载作用下跨中截面产生的竖向位移。

2.1.9 结构位移　structural displacement

由于基础移动、超载、碰撞、火灾、冲刷等原因引起的结构或构件位置的移动或截面的转动。

2.1.10 涂层缺陷　coating defect

钢结构表面涂层出现流痕、气泡、白化、起皱、起皮等现象。

2.1.11 磨损　abrasion

构件在车辆、水流等外界作用下出现的集料和砂浆的表面磨耗脱损现象。

2.1.12 桥梁基础冲刷、淘空　scour and cavern of bridge foundation

在水流作用下,基础周围埋置物被冲刷淘空的现象。

2.2 符号

D_r——桥梁总体技术状况评分;

D_j——桥梁总体技术状况等级;

SPCI——桥梁上部结构技术状况评分;

PCCI——桥梁上部结构各部件技术状况评分;

PMCI——桥梁上部结构各构件技术状况评分;

SBCI——桥梁下部结构技术状况评分;

BCCI——桥梁下部结构各部件技术状况评分;

BMCI——桥梁下部结构各构件技术状况评分;

BDCI——桥面系技术状况评分;

DCCI——桥面系各部件技术状况评分;

DMCI——桥面系各构件技术状况评分;

W——桥梁各部件技术状况评定权值;

DP——桥梁构件各类病害的扣分值。

3 评定方法及等级分类

3.1 桥梁技术状况评定方法

3.1.1 公路桥梁技术状况评定包括桥梁构件、部件、桥面系、上部结构、下部结构和全桥评定。公路桥梁技术状况评定应采用分层综合评定与5类桥梁单项控制指标相结合的方法,先对桥梁各构件进行评定,然后对桥梁各部件进行评定,再对桥面系、上部结构和下部结构分别进行评定,最后进行桥梁总体技术状况的评定。桥梁检查评定记录表可按附录 A 的要求执行。评定指标如图 3.1.1 所示。

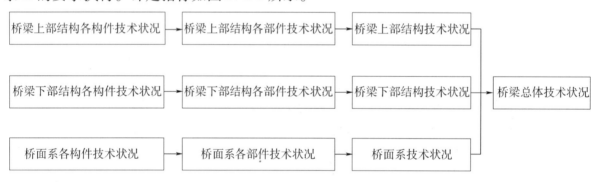

图 3.1.1 桥梁技术状况评定指标

3.1.2 当单个桥梁存在不同结构形式时,可根据结构形式的分布情况划分评定单元,分别对各评定单元进行桥梁技术状况的等级评定。

3.2 桥梁技术状况等级分类

3.2.1 桥梁部件分为主要部件和次要部件。

3.2.2 各结构类型桥梁主要部件见表 3.2.2,其他部件为次要部件。

表 3.2.2 各结构类型桥梁主要部件

序号	结构类型	主要部件
1	梁式桥	上部承重构件、桥墩、桥台、基础、支座
2	板拱桥(圬工、混凝土)、肋拱桥、箱形拱桥、双曲拱桥	主拱圈、拱上结构、桥面板、桥墩、桥台、基础
3	刚架拱桥、桁架拱桥	刚架(桁架)拱片、横向联结系、桥面板、桥墩、桥台、基础

续上表

序号	结构类型	主要部件
4	钢—混凝土组合拱桥	拱肋、横向联结系、立柱、吊杆、系杆、行车道板(梁)、支座、桥墩、桥台、基础
5	悬索桥	主缆、吊索、加劲梁、索塔、锚碇、桥墩、桥台、基础、支座
6	斜拉桥	斜拉索(包括锚具)、主梁、索塔、桥墩、桥台、基础、支座

3.2.3 桥梁总体技术状况评定等级分为1类、2类、3类、4类、5类,见表3.2.3。

表3.2.3 桥梁总体技术状况评定等级

技术状况评定等级	桥梁技术状况描述
1类	全新状态,功能完好
2类	有轻微缺损,对桥梁使用功能无影响
3类	有中等缺损,尚能维持正常使用功能
4类	主要构件有大的缺损,严重影响桥梁使用功能;或影响承载能力,不能保证正常使用
5类	主要构件存在严重缺损,不能正常使用,危及桥梁安全,桥梁处于危险状态

3.2.4 桥梁主要部件技术状况评定标度分为1类、2类、3类、4类、5类,见表3.2.4。

表3.2.4 桥梁主要部件技术状况评定标度

技术状况评定标度	桥梁技术状况描述
1类	全新状态,功能完好
2类	功能良好,材料有局部轻度缺损或污染
3类	材料有中等缺损;或出现轻度功能性病害,但发展缓慢,尚能维持正常使用功能
4类	材料有严重缺损,或出现中等功能性病害,且发展较快;结构变形小于或等于规范值,功能明显降低
5类	材料严重缺损,出现严重的功能性病害,且有继续扩展现象;关键部位的部分材料强度达到极限,变形大于规范值,结构的强度、刚度、稳定性不能达到安全通行的要求

3.2.5 桥梁次要部件技术状况评定标度分为1类、2类、3类、4类,见表3.2.5。

表3.2.5 桥梁次要部件技术状况评定标度

技术状况评定标度	桥梁技术状况描述
1类	全新状态,功能完好;或功能良好,材料有轻度缺损、污染等
2类	有中等缺损或污染
3类	材料有严重缺损,出现功能降低,进一步恶化将不利于主要部件,影响正常交通
4类	材料有严重缺损,失去应有功能,严重影响正常交通;或原无设置,而调查需要补设

3.3 桥梁技术状况评定工作流程

3.3.1 桥梁技术状况评定工作流程如图 3.3.1 所示。

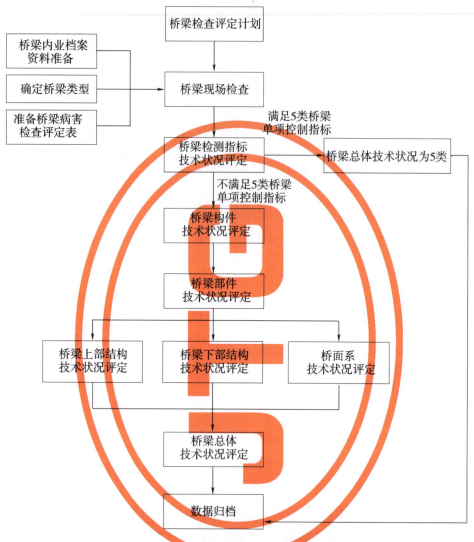

图 3.3.1 桥梁技术状况评定工作流程图

4 桥梁技术状况评定

4.1 桥梁技术状况评定计算

4.1.1 桥梁构件的技术状况评分,按式(4.1.1)计算。

$$PMCI_l(BMCI_l \text{ 或 } DMCI_l) = 100 - \sum_{x=1}^{k} U_x \qquad (4.1.1)$$

当 $x = 1$ 时

$$U_1 = DP_{i1}$$

当 $x \geq 2$ 时

$$U_x = \frac{DP_{ij}}{100 \times \sqrt{x}} \times (100 - \sum_{y=1}^{x-1} U_y) \quad (\text{其中 } j = x, x \text{ 取 } 2,3,\cdots,k)$$

当 $k \geq 2$ 时,$U_1,\cdots,U_x$ 计算公式中的扣分值 DP_{ij} 按照从大到小的顺序排列。

当 $DP_{ij} = 100$ 时

$$PMCI_l(BMCI_l \text{ 或 } DMCI_l) = 0$$

式中:$PMCI_l$——上部结构第 i 类部件 l 构件的得分,值域为 $0 \sim 100$ 分;

$BMCI_l$——下部结构第 i 类部件 l 构件的得分,值域为 $0 \sim 100$ 分;

$DMCI_l$——桥面系第 i 类部件 l 构件的得分,值域为 $0 \sim 100$ 分;

k——第 i 类部件 l 构件出现扣分的指标的种类数;

U、x、y——引入的中间变量;

i——部件类别,例如 i 表示上部承重构件、支座、桥墩等;

j——第 i 类部件 l 构件的第 j 类检测指标;

DP_{ij}——第 i 类部件 l 构件的第 j 类检测指标的扣分值;根据构件各种检测指标扣分值进行计算,扣分值按表4.1.1规定取值。

表4.1.1 构件各检测指标扣分值

检测指标所能达到的最高标度类别	指标标度				
	1类	2类	3类	4类	5类
3类	0	20	35	—	—
4类	0	25	40	50	—
5类	0	35	45	60	100

4.1.2 桥梁部件的技术状况评分,按式(4.1.2)计算。

$$PCCI_i = \overline{PMCI} - (100 - PMCI_{min})/t \qquad (4.1.2)$$

或 $BCCI_i = \overline{BMCI} - (100 - \overline{BMCI_{min}})/t$

或 $DCCI_i = \overline{DMCI} - (100 - \overline{DMCI_{min}})/t$

式中：$PCCI_i$——上部结构第 i 类部件的得分，值域为 0~100 分；当上部结构中的主要部件某一构件评分值 $PMCI_l$ 在 [0,40) 区间时，其相应的部件评分值 $PCCI_i = PMCI_l$；

$\overline{PMCI}$——上部结构第 i 类部件各构件的得分平均值，值域为 0~100 分；

$BCCI_i$——下部结构第 i 类部件的得分，值域为 0~100 分；当下部结构中的主要部件某一构件评分值 $BMCI_l$ 在 [0,40) 区间时，其相应的部件评分值 $BCCI_i = BMCI_l$；

$\overline{BMCI}$——下部结构第 i 类部件各构件的得分平均值，值域为 0~100 分；

$DCCI_i$——桥面系第 i 类部件的得分，值域为 0~100 分；

$\overline{DMCI}$——桥面系第 i 类部件各构件的得分平均值，值域为 0~100 分；

$PMCI_{min}$——上部结构第 i 类部件中分值最低的构件得分值；

$BMCI_{min}$——下部结构第 i 类部件中分值最低的构件得分值；

$DMCI_{min}$——桥面系第 i 类部件分值最低的构件得分值；

t——随构件的数量而变的系数，见表 4.1.2。

表 4.1.2 t 值

n（构件数）	t	n（构件数）	t
1	∞	20	6.6
2	10	21	6.48
3	9.7	22	6.36
4	9.5	23	6.24
5	9.2	24	6.12
6	8.9	25	6.00
7	8.7	26	5.88
8	8.5	27	5.76
9	8.3	28	5.64
10	8.1	29	5.52
11	7.9	30	5.4
12	7.7	40	4.9
13	7.5	50	4.4
14	7.3	60	4.0
15	7.2	70	3.6
16	7.08	80	3.2
17	6.96	90	2.8
18	6.84	100	2.5
19	6.72	≥200	2.3

注：1. n 为第 i 类部件的构件总数。

2. 表中未列出的 t 值采用内插法计算。

4.1.3 桥梁上部结构、下部结构、桥面系的技术状况评分,按式(4.1.3)计算。

$$\text{SPCI}(\text{SBCI 或 BDCI}) = \sum_{i=1}^{m} \text{PCCI}_i(\text{BCCI}_i \text{ 或 DCCI}_i) \times W_i \quad (4.1.3)$$

式中:SPCI——桥梁上部结构技术状况评分,值域为 0~100 分;
　　SBCI——桥梁下部结构技术状况评分,值域为 0~100 分;
　　BDCI——桥面系技术状况评分,值域为 0~100 分;
　　m——上部结构(下部结构或桥面系)的部件种类数;
　　W_i——第 i 类部件的权重,按表 4.2.1、表 4.2.2-1~表 4.2.2-3、表 4.2.3、表 4.2.4 规定取值;对于桥梁中未设置的部件,应根据此部件的隶属关系,将其权重值分配给各既有部件,分配原则按照各既有部件权重在全部既有部件权重中所占比例进行分配。

4.1.4 桥梁总体的技术状况评分,按式(4.1.4)计算。

$$D_r = \text{BDCI} \times W_D + \text{SPCI} \times W_{SP} + \text{SBCI} \times W_{SB} \quad (4.1.4)$$

式中:D_r——桥梁总体技术状况评分,值域为 0~100 分;
　　W_D——桥面系在全桥中的权重,按表 4.2.5 规定取值;
　　W_{SP}——上部结构在全桥中的权重,按表 4.2.5 规定取值;
　　W_{SB}——下部结构在全桥中的权重,按表 4.2.5 规定取值。

4.1.5 桥梁技术状况分类界限宜按表 4.1.5 规定执行。

表 4.1.5　桥梁技术状况分类界限表

技术状况评分	技术状况等级 D_j				
	1 类	2 类	3 类	4 类	5 类
D_r (SPCI、SBCI、BDCI) (PCCI、BCCI、DCCI)	[95,100]	[80,95)	[60,80)	[40,60)	[0,40)

4.1.6 在桥梁技术状况评定时,当满足 4.3 节中规定的任一情况时,桥梁总体技术状况应评为 5 类。

4.1.7 当上部结构和下部结构技术状况等级为 3 类、桥面系技术状况等级为 4 类,且桥梁总体技术状况评分为 $40 \leqslant D_r < 60$ 时,桥梁总体技术状况等级可评定为 3 类。

4.1.8 全桥总体技术状况等级评定时,当主要部件评分达到 4 类或 5 类且影响桥梁安全时,可按照桥梁主要部件最差的缺损状况评定。

4.2　各结构形式桥梁部件分类及权重值

4.2.1 梁式桥各部件权重值宜按表 4.2.1 的规定取值。

表 4.2.1 梁式桥各部件权重值

部 位	类别 i	评 价 部 件	权 重
上部结构	1	上部承重构件（主梁、挂梁）	0.70
	2	上部一般构件（湿接缝、横隔板等）	0.18
	3	支座	0.12
下部结构	4	翼墙、耳墙	0.02
	5	锥坡、护坡	0.01
	6	桥墩	0.30
	7	桥台	0.30
	8	墩台基础	0.28
	9	河床	0.07
	10	调治构造物	0.02
桥面系	11	桥面铺装	0.40
	12	伸缩缝装置	0.25
	13	人行道	0.10
	14	栏杆、护栏	0.10
	15	排水系统	0.10
	16	照明、标志	0.05

4.2.2 拱式桥各部件权重值宜按表 4.2.2-1～表 4.2.2-3 的规定取值。

表 4.2.2-1 板拱桥、肋拱桥、箱形拱桥、双曲拱桥各部件权重值

部 位	类别 i	评 价 部 件	权 重
上部结构	1	主拱圈	0.70
	2	拱上结构	0.20
	3	桥面板	0.10
下部结构	4	翼墙、耳墙	0.02
	5	锥坡、护坡	0.01
	6	桥墩	0.30
	7	桥台	0.30
	8	墩台基础	0.28
	9	河床	0.07
	10	调治构造物	0.02
桥面系	11	桥面铺装	0.40
	12	伸缩缝装置	0.25
	13	人行道	0.10
	14	栏杆、护栏	0.10
	15	排水系统	0.10
	16	照明、标志	0.05

表 4.2.2-2　刚架拱桥、桁架拱桥各部件权重值

部　位	类别 i	评价部件	权　重
上部结构	1	刚架拱片（桁架拱片）	0.50
	2	横向联结系	0.25
	3	桥面板	0.25
下部结构	4	翼墙、耳墙	0.02
	5	锥坡、护坡	0.01
	6	桥墩	0.30
	7	桥台	0.30
	8	墩台基础	0.28
	9	河床	0.07
	10	调治构造物	0.02
桥面系	11	桥面铺装	0.40
	12	伸缩缝装置	0.25
	13	人行道	0.10
	14	栏杆、护栏	0.10
	15	排水系统	0.10
	16	照明、标志	0.05

表 4.2.2-3　钢—混凝土组合拱桥各部件权重值

部　位	类别 i	评价部件	权　重
上部结构	1	拱肋	0.28
	2	横向联结系	0.05
	3	立柱	0.13
	4	吊杆	0.13
	5	系杆（含锚具）	0.28
	6	桥面板（梁）	0.08
	7	支座	0.05
下部结构	8	翼墙、耳墙	0.02
	9	锥坡、护坡	0.01
	10	桥墩	0.30
	11	桥台	0.30
	12	墩台基础	0.28
	13	河床	0.07
	14	调治构造物	0.02

续上表

部 位	类别 i	评价部件	权 重
桥面系	15	桥面铺装	0.40
	16	伸缩缝装置	0.25
	17	人行道	0.10
	18	栏杆、护栏	0.10
	19	排水系统	0.10
	20	照明、标志	0.05

4.2.3 悬索桥各部件权重值宜按表4.2.3的规定取值。

表4.2.3 悬索桥各部件权重值

部 位	类别 i	评价部件	权 重
上部结构	1	加劲梁	0.15
	2	索塔	0.20
	3	支座	0.05
	4	主鞍	0.04
	5	主缆	0.25
	6	索夹	0.04
	7	吊索及钢护筒	0.17
	8	锚杆	0.10
下部结构	9	锚碇	0.40
	10	索塔基础	0.30
	11	散索鞍	0.15
	12	河床	0.10
	13	调治构造物	0.05
桥面系	14	桥面铺装	0.40
	15	伸缩缝装置	0.25
	16	人行道	0.10
	17	栏杆、护栏	0.10
	18	排水系统	0.10
	19	照明、标志	0.05

4.2.4 斜拉桥各部件权重值宜按表4.2.4的规定取值。

表4.2.4 斜拉桥各部件权重值

部 位	类别 i	评价部件	权 重
上部结构	1	斜拉索系统（斜拉索、锚具、拉索护套、减震装置等）	0.40
	2	主梁	0.25
	3	索塔	0.25
	4	支座	0.10
下部结构	5	翼墙、耳墙	0.02
	6	锥坡、护坡	0.01
	7	桥墩	0.30
	8	桥台	0.30
	9	墩台基础	0.28
	10	河床	0.07
	11	调治构造物	0.02
桥面系	12	桥面铺装	0.40
	13	伸缩缝装置	0.25
	14	人行道	0.10
	15	栏杆、护栏	0.10
	16	排水系统	0.10
	17	照明、标志	0.05

4.2.5 桥梁结构组成权重值宜按表4.2.5的规定取值。

表4.2.5 桥梁结构组成权重值

桥梁部位	权 重
上部结构	0.40
下部结构	0.40
桥面系	0.20

4.3 5类桥梁技术状况单项控制指标

4.3.1 在桥梁技术状况评价中，有下列情况之一时，整座桥应评为5类桥：
1 上部结构有落梁；或有梁、板断裂现象。
2 梁式桥上部承重构件控制截面出现全截面开裂；或组合结构上部承重构件结合面开裂贯通，造成截面组合作用严重降低。
3 梁式桥上部承重构件有严重的异常位移，存在失稳现象。

4 结构出现明显的永久变形,变形大于规范值。
5 关键部位混凝土出现压碎或杆件失稳倾向;或桥面板出现严重塌陷。
6 拱式桥拱脚严重错台、位移,造成拱顶挠度大于限值;或拱圈严重变形。
7 圬工拱桥拱圈大范围砌体断裂,脱落现象严重。
8 腹拱、侧墙、立墙或立柱产生破坏造成桥面板严重塌落。
9 系杆或吊杆出现严重锈蚀或断裂现象。
10 悬索桥主缆或多根吊索出现严重锈蚀、断丝。
11 斜拉桥拉索钢丝出现严重锈蚀、断丝,主梁出现严重变形。
12 扩大基础冲刷深度大于设计值,冲空面积达20%以上。
13 桥墩(桥台或基础)不稳定,出现严重滑动、下沉、位移、倾斜等现象。
14 悬索桥、斜拉桥索塔基础出现严重沉降或位移;或悬索桥锚碇有水平位移或沉降。

5 梁式桥上部结构构件技术状况评定

5.1 混凝土梁式桥

5.1.1 钢筋混凝土或预应力混凝土梁式桥上部承重构件和上部一般构件评定指标及分级评定标准：

1 蜂窝、麻面评定标准见表5.1.1-1。
2 剥落、掉角评定标准见表5.1.1-2。
3 空洞、孔洞评定标准见表5.1.1-3。
4 混凝土保护层厚度评定标准见表5.1.1-4。
5 钢筋锈蚀评定标准见表5.1.1-5。
6 混凝土碳化评定标准见表5.1.1-6。
7 混凝土强度评定标准见表5.1.1-7。
8 跨中挠度评定标准见表5.1.1-8。
9 结构变位评定标准见表5.1.1-9。
10 预应力构件损伤(锚头、钢绞线、齿板等)评定标准见表5.1.1-10。
11 简支梁(板)桥、刚架桥裂缝评定标准见表5.1.1-11。
12 连续梁桥、连续刚构桥、悬臂梁桥、T形刚构桥裂缝评定标准见表5.1.1-12。

表 5.1.1-1 蜂窝、麻面

标度	评定标准	
	定性描述	定量描述
1	完好,无蜂窝麻面	—
2	较大面积蜂窝麻面	累计面积≤构件面积的50%
3	大面积蜂窝麻面	累计面积>构件面积的50%

表 5.1.1-2 剥落、掉角

标度	评定标准	
	定性描述	定量描述
1	完好,无剥落、掉角	—
2	局部混凝土剥落或掉角	累计面积≤构件面积的5%,或单处面积≤0.5m²
3	较大范围混凝土剥落或掉角	累计面积>构件面积的5%且<构件面积的10%,或单处面积>0.5 m²且<1.0 m²
4	大范围混凝土剥落或掉角	累计面积≥构件面积的10%,或单处面积≥1.0m²

表 5.1.1-3 空洞、孔洞

标度	评定标准	
	定性描述	定量描述
1	完好,无空洞、孔洞	—
2	局部混凝土空洞、孔洞	累计面积≤构件面积的5%,或单处面积≤0.5m²
3	较大范围混凝土空洞、孔洞	累计面积>构件面积的5%且<构件面积的10%,或单处面积>0.5m²且<1.0m²
4	大范围混凝土空洞、孔洞	累计面积≥构件面积的10%,或单处面积≥1.0m²

表 5.1.1-4 混凝土保护层厚度

标度	评定标准
	定性描述
1	完好
2	承重构件混凝土保护层厚度符合要求,对钢筋耐久性有轻度影响
3	承重构件混凝土保护层厚度不足,对钢筋耐久性有较大影响,造成钢筋锈蚀
4	承重构件混凝土保护层厚度严重不足,对钢筋耐久性有很大影响,钢筋失去碱性保护,发生较严重锈蚀

表 5.1.1-5 钢筋锈蚀

标度	评定标准	
	定性描述	定量描述
1	完好	承重构件钢筋锈蚀电位水平为 0～-200mV,或电阻率>20 000Ω·cm
2	承重构件有轻微锈蚀现象	承重构件钢筋锈蚀电位水平为-200～-300mV,或电阻率为 15 000～20 000Ω·cm
3	承重构件钢筋发生锈蚀,混凝土表面有沿钢筋的裂缝或混凝土表面有锈迹	承重构件钢筋锈蚀电位水平为-300～-400mV,或电阻率为 10 000～15 000Ω·cm
4	承重构件钢筋锈蚀引起混凝土剥落,钢筋裸露,表面膨胀性锈层显著	承重构件钢筋锈蚀电位水平为-400～-500mV,或电阻率为 5 000～10 000Ω·cm
5	承重构件大量钢筋锈蚀引起混凝土剥落,部分钢筋屈服或锈断,混凝土表面严重开裂,影响结构安全	承重构件钢筋锈蚀电位水平<-500mV,或电阻率<5 000Ω·cm

表 5.1.1-6 混凝土碳化

标度	评定标准
	定性描述
1	完好
2	承重构件有少量碳化现象,且所有碳化深度均小于混凝土保护层厚度
3	承重构件的主要受力部位部分位置出现碳化现象,局部碳化深度大于混凝土保护层厚度,混凝土表面少量胶凝料松散粉化
4	承重构件的主要受力部位全部测点碳化且碳化深度大于混凝土保护层厚度,混凝土表面胶凝料大量松散粉化

表 5.1.1-7 混凝土强度

标度	评定标准	
	定性描述	定量描述
1	承重构件混凝土强度处于良好状态	承重构件混凝土推定强度均质系数 $K_{bt} \geq 0.95$，平均强度均质系数 $K_{bm} \geq 1.00$
2	承重构件混凝土强度处于较好状态	承重构件混凝土推定强度均质系数 $0.95 > K_{bt} \geq 0.90$，平均强度均质系数 $K_{bm} \geq 0.95$
3	承重构件混凝土强度处于较差状态，造成承重构件出现缺损现象	承重构件混凝土推定强度均质系数 $0.90 > K_{bt} \geq 0.80$，平均强度均质系数 $K_{bm} \geq 0.90$
4	承重构件混凝土强度处于很差状态，造成承重构件出现较严重缺损或变形现象	承重构件混凝土推定强度均质系数 $0.80 > K_{bt} \geq 0.70$，平均强度均质系数 $K_{bm} \geq 0.85$
5	承重构件混凝土强度处于非常差状态，造成承重构件有严重的变形、位移、失稳等现象，显著影响承载力和行车安全	承重构件混凝土推定强度均质系数 $K_{bt} < 0.70$，平均强度均质系数 $K_{bm} < 0.85$

表 5.1.1-8 跨中挠度

标度	评定标准	
	定性描述	定量描述
1	完好	—
2	较好，梁体无明显变形	—
3	出现明显下挠，挠度小于限值，或个别构件出现弯曲变形，行车稍感振动或摇晃	跨中最大挠度≤计算跨径的1/1 000；悬臂端最大挠度≤悬臂长度的1/500
4	出现显著下挠，挠度接近限值，或构件存在明显的永久变形，变形小于或等于规范值，梁板出现较严重病害	跨中最大挠度＞计算跨径的1/1 000且≤计算跨径的1/600；悬臂端最大挠度＞悬臂长度的1/500且≤悬臂长度的1/300
5	挠度或其他变形大于限值，造成结构出现明显的永久变形，梁板出现严重病害，显著影响承载力和行车安全	跨中最大挠度＞计算跨径的1/600；悬臂端最大挠度＞悬臂长度的1/300

表 5.1.1-9 结构变位

标度	评定标准
	定性描述
1	完好
2	较好，结构无明显位移
3	横向联结件松动，纵向接缝开裂较大
4	边梁有横移或外倾现象，行车振动或摇晃明显，有异常音
5	构件有严重的横向位移，存在失稳现象，结构振动或摇晃显著

表 5.1.1-10 预应力构件损伤

标度	评定标准
	定性描述
1	完好
2	锚头、钢绞线等无明显缺陷
3	钢绞线裸露出现极个别断丝现象,或锚头出现开裂等现象,或齿板位置处出现部分裂缝,裂缝未超限
4	部分钢绞线断裂或失效,或锚头开裂较严重但未完全失效,或齿板位置处裂缝严重,裂缝超限
5	预应力钢绞线大量断裂,预应力损耗严重,或锚头损坏失效,梁板出现严重变形

表 5.1.1-11 简支梁(板)桥、刚架桥裂缝

标度	评定标准	
	定性描述	定量描述
1	完好	—
2	局部出现网状裂缝,或主梁出现少量轻微裂缝,缝宽未超限	网状裂缝累计面积≤构件面积的20%,单处面积≤1.0m²,或主梁裂缝缝长≤截面尺寸的1/3
3	出现大面积网状裂缝,或主梁出现较多横向裂缝(钢筋混凝土梁、板),或顺主筋方向出现纵向裂缝,或出现斜裂缝、水平裂缝、竖向裂缝等,缝宽未超限	网状裂缝累计面积>构件面积的20%,单处面积>1.0m²,或主梁裂缝缝长>截面尺寸的1/3且≤截面尺寸的2/3
4	主梁控制截面出现较多横向裂缝(钢筋混凝土梁、板),或顺主筋方向出现严重纵向裂缝并伴有钢筋锈蚀等,或出现斜裂缝、水平裂缝、竖向裂缝等,裂缝缝宽超限	主梁裂缝缝长>截面尺寸的2/3,间距<20cm
5	主梁控制截面出现大量结构性裂缝,裂缝大多贯通,且缝宽超限,主梁出现变形	主梁裂缝缝宽>1.0mm,间距≤10cm

表 5.1.1-12 连续梁桥、连续刚构桥、悬臂梁桥和T形刚构桥裂缝

标度	评定标准	
	定性描述	定量描述
1	无裂缝	—
2	局部出现网状裂缝,或主梁出现少量轻微裂缝,缝宽未超限	网状裂缝累计面积≤构件面积的20%,单处面积≤1.0m²,或主梁裂缝缝长≤截面尺寸的1/3
3	出现大面积网状裂缝,或主梁出现横向裂缝(钢筋混凝土梁),或顺主筋方向出现纵向裂缝,或出现斜裂缝、水平裂缝、竖向裂缝等,缝宽未超限	网状裂缝累计面积>构件面积的20%,单处面积>1.0m²,或主梁缝长>截面尺寸的1/3且≤截面尺寸的1/2
4	主梁控制截面出现较多横向裂缝(钢筋混凝土梁),或顺主筋方向出现严重纵向裂缝并伴有钢筋锈蚀等,或出现斜裂缝、水平裂缝、竖向裂缝等,裂缝缝宽超限	主梁裂缝缝长>截面尺寸的1/2,间距<30cm
5	主梁控制截面出现大量结构性裂缝,裂缝大多贯通,且缝宽严重超限,主梁出现变形	主梁裂缝缝宽>1.0mm,间距<20cm

5.2 钢梁桥

5.2.1 钢梁桥上部结构构件评定指标及分级评定标准：
1. 涂层劣化评定标准见表5.2.1-1。
2. 锈蚀评定标准见表5.2.1-2。
3. 焊缝开裂评定标准见表5.2.1-3。
4. 铆钉(螺栓)损失评定标准见表5.2.1-4。
5. 构件裂缝评定标准见表5.2.1-5。
6. 跨中挠度评定标准见表5.2.1-6。
7. 构件变形评定标准见表5.2.1-7。
8. 结构变位评定标准见表5.2.1-8。

表 5.2.1-1 涂 层 劣 化

标度	评定标准	
	定性描述	定量描述
1	完好	—
2	涂层个别位置出现流痕、气泡、白化、漆膜发黏、针孔、起皱或皱纹、表面粉化、变色起皮、脱落等缺陷	累计面积≤构件面积的10%
3	涂层出现较严重流痕、气泡、白化、漆膜发黏、针孔、起皱或皱纹、表面粉化、变色起皮、脱落等缺陷	累计面积>构件面积的10%且≤构件面积的50%
4	涂层出现严重流痕、气泡、白化、漆膜发黏、针孔、起皱或皱纹、表面粉化、变色起皮、脱落等缺陷	累计面积>构件面积的50%

表 5.2.1-2 锈 蚀

标度	评定标准	
	定性描述	定量描述
1	完好	—
2	构件表面发生轻微锈蚀，部分氧化皮或油漆层出现剥落	锈蚀累计面积≤构件面积的5%
3	构件表面有较多点蚀现象，氧化皮、油漆层因锈蚀而部分剥落或可以刮除，重要部位有锈蚀成洞现象	锈蚀累计面积>构件面积的5%且≤构件面积的15%，或锈蚀孔洞≤3个，工字梁孔洞直径≤30mm，板梁≤50mm，且边缘完好；桁梁孔洞直径≤30mm，且≤杆件宽度的15%
4	构件表面有大量点蚀现象，氧化皮、油漆层因锈蚀而全面剥离，重要部位被锈蚀成洞	锈蚀累计面积>构件面积的15%，或锈蚀孔洞>3个，工字梁孔洞直径>30mm，板梁>50mm，且边缘完好；桁梁孔洞直径>30mm，或>杆件宽度的15%

表 5.2.1-3 焊缝开裂

标度	评定标准	
	定性描述	定量描述
1	完好	—
2	焊缝部位涂层有少量裂纹	—
3	焊缝部位涂层有大量裂纹,受拉翼缘边焊缝存在裂缝,其他部位焊缝无裂缝	主梁、纵横梁受拉翼缘边焊缝开裂长度≤5mm
4	主要构件焊缝出现较多裂缝,构件出现变形	主梁、纵横梁受拉翼缘边焊缝开裂长度>5mm且≤10mm,其他位置焊缝开裂长度≤5mm
5	主要构件焊缝存在大量裂缝甚至完全开裂,主要构件存在明显的变形,变形大于规范值	主梁、纵横梁受拉翼缘边焊缝开裂长度>10mm,其他位置焊缝开裂长度>5mm

表 5.2.1-4 铆钉(螺栓)损失

标度	评定标准	
	定性描述	定量描述
1	完好	—
2	铆钉(螺栓)少量损坏、松动或丢失,造成联结部位铆钉(螺栓)失效	损坏、失效数量≤总量的1%
3	铆钉(螺栓)有较多损坏、松动或丢失,造成联结部位铆钉(螺栓)失效	损坏、失效数量>总量的1%且≤总量的10%
4	主要构件铆钉(螺栓)有较多损坏、松动或丢失,造成联结部位铆钉(螺栓)失效,构件出现明显变形	损坏、失效数量>总量的10%且≤总量的30%
5	主要构件铆钉(螺栓)有大量损坏、松动或丢失,造成联结部位铆钉(螺栓)失效,主要构件存在明显的永久变形,变形大于规范值	损坏、失效数量>总量的30%

表 5.2.1-5 构件裂缝

标度	评定标准	
	定性描述	定量描述
1	完好	—
2	钢构件出现极少量细小裂纹	—
3	钢构件出现较多细小裂缝,截面削弱,但不影响正常使用	主梁、纵横梁受拉翼缘边裂缝长度≤3mm,或受拉翼缘焊接盖板端部裂缝长度≤10mm,或桁梁端横梁与纵梁连接处下端以及腹杆接头处裂缝长度≤20mm
4	主要构件出现较多裂缝,截面削弱	主梁、纵横梁受拉翼缘边裂缝长度>3mm且≤5mm,或受拉翼缘焊接盖板端部裂缝长度>10mm且≤20mm,或桁梁端横梁与纵梁连接处下端以及腹杆接头处裂缝长度>20mm且≤50mm
5	主要构件出现较多严重裂缝,截面削弱,主要构件存在明显的永久变形,变形大于限值	主梁、纵横梁受拉翼缘边裂缝长度>5mm,或受拉翼缘焊接盖板端部裂缝长度>20mm,或桁梁端横梁与纵梁连接处下端以及腹杆接头处裂缝长度>50mm

表 5.2.1-6　跨中挠度

标度	评定标准	
	定性描述	定量描述
1	完好	—
2	—	—
3	挠度小于限值	简支或连续板梁跨中最大挠度≤计算跨径的1/800；或简支或连续桁架跨中最大挠度≤计算跨径的1/1 000
4	主要构件挠度接近限值，裂缝状况较严重	简支或连续板梁跨中最大挠度＞计算跨径的1/800且≤计算跨径的1/600；或简支或连续桁架跨中最大挠度＞计算跨径的1/1 000且≤计算跨径的1/800
5	主要构件挠度大于限值，存在明显的永久变形，裂缝状况严重，严重影响承载力，有不正常移动并影响结构安全	简支或连续板梁跨中最大挠度＞计算跨径的1/600；或简支或连续桁架跨中最大挠度＞计算跨径的1/800

表 5.2.1-7　构件变形

标度	评定标准	
	定性描述	定量描述
1	完好	—
2	—	—
3	个别次要构件出现异常变形，行车稍感振动或摇晃	构件竖向弯曲矢度≤跨度的1/1 500；或板梁、纵梁、横梁及工字梁横向弯曲矢度≤自由长度1/8 000且＜15mm；或桁梁的压力杆件弯曲矢度≤杆件自由长度的1/1 500；或拉力杆件弯曲矢度≤杆件自由长度的1/800，腹杆、连接杆件弯曲矢度≤杆件自由长度的1/500
4	个别主要承重构件出现异常变形，行车有明显振动或摇晃并伴有异常声音	构件竖向弯曲矢度＞跨度的1/1 500且≤跨度的1/1 000；或板梁、纵梁、横梁及工字梁横向弯曲矢度＞自由长度的1/8 000且≤自由长度的1/5 000，且＜20mm；或桁梁的压力杆件弯曲矢度杆件＞1/1 500且≤自由长度的1/1 000；或拉力杆件弯曲矢度＞杆件自由长度的1/800且≤杆件自由长度的1/500，腹杆、连接杆件弯曲矢度＞杆件自由长度的1/500且≤杆件自由长度的1/300
5	较多主要承重构件有异常变形，变形大于规范值，影响桥梁结构安全	构件竖向弯曲矢度＞跨度的1/1 000；或板梁、纵梁、横梁及工字梁横向弯曲矢度＞自由长度1/5 000且＞20mm；或桁梁的压力杆件弯曲矢度＞杆件自由长度的1/1 000；或拉力杆件弯曲矢度＞杆件自由长度的1/500，腹杆、连接杆件弯曲矢度＞杆件自由长度的1/300

表 5.2.1-8 结 构 变 位

标度	评 定 标 准
	定 性 描 述
1	完好
2	—
3	横向联结件出现松动,纵向接缝开裂较大
4	主要构件存在明显的永久变形,变形小于或等于规范值,或桥面竖向呈波形
5	主要构件存在明显的永久变形,变形大于规范值,结构振动或摇晃显著、有不正常移动

5.3 支座

5.3.1 橡胶支座评定指标及分级评定标准:

1 板式支座老化变质、开裂评定标准见表 5.3.1-1。
2 板式支座缺陷评定标准见表 5.3.1-2。
3 板式支座位置串动、脱空或剪切超限评定标准见表 5.3.1-3。
4 盆式支座组件损坏评定标准见表 5.3.1-4。
5 聚四氟乙烯滑板磨损评定标准见表 5.3.1-5。
6 盆式支座位移、转角超限评定标准见表 5.3.1-6。

表 5.3.1-1 板式支座老化变质、开裂

标度	评 定 标 准	
	定性描述	定量描述
1	完好	—
2	轻微老化,表面有脏污,出现裂缝	裂缝宽度≤1.0mm,裂缝长度>相应边长10%
3	橡胶支座老化变形,裂缝较严重	裂缝宽度>1mm 且≤2mm,裂缝长度>相应边长的 25%
4	橡胶支座老化破裂,裂缝严重,且造成其他构件产生较严重病害	裂缝宽度>2mm,裂缝长度>相应边长的 25%
5	橡胶支座老化破裂,裂缝非常严重,已经失去正常支承功能,且使相关上下部结构受到异常约束,造成严重损坏,主梁出现严重变形	裂缝宽度>2mm,裂缝长度>相应边长的 50%

表 5.3.1-2 板式支座缺陷

标度	评 定 标 准	
	定性描述	定量描述
1	完好	—
2	有外鼓现象	沿支座一侧外鼓长度≤相应边长的 10%
3	外鼓现象较严重,或钢板局部外露	沿支座一侧外鼓长度>相应边长的 10%且≤相应边长的 25%,或钢板外露长度>100mm
4	外鼓现象严重,或钢板大部分外露	沿支座一侧外鼓长度>相应边长的 25%,或钢板外露长度>100mm

表 5.3.1-3　板式支座位置串动、脱空或剪切超限

标度	评定标准	
	定性描述	定量描述
1	完好	—
2	支座出现剪切变形或位置略有偏移	—
3	支座出现剪切变形或位置有较大偏移	剪切角度≤45°
4	支座串动较严重，或出现脱空现象，或出现严重变形	串动长度≤相应边长的25%，或剪切角度>45°且≤60°
5	串动严重并造成桥梁其他构件出现较严重病害	串动长度>相应边长的25%
5	支座错位、串动、变形严重，已经失去正常支承功能，造成相关上下部结构严重损坏，主梁出现严重变形	剪切角度>60°

表 5.3.1-4　盆式支座组件损坏

标度	评定标准	
	定性描述	定量描述
1	完好	—
2	盆底四角翘起，或钢盆出现较多锈蚀，或支座底板局部裂纹、掉角	
3	钢件非主要受力部位出现脱焊，或钢盆出现较多锈蚀并伴有剥落，或除盆底、盆环外其他部位开裂，或底板产生变形，混凝土酥裂、露筋、掉角	
4	大量锚栓剪断，或底板变形，大部分压碎、剥离，造成相关上下部结构受到异常约束，损坏严重	锚栓剪断≤50%
5	有大量的锚栓剪断或盆环开裂、脱焊，支座破损、缺失严重，已经失去正常支承功能，造成相关上下部结构严重损坏，主梁出现严重变形	锚栓剪断>50%

表 5.3.1-5　聚四氟乙烯滑板磨损

标度	评定标准	
	定性描述	定量描述
1	完好	—
2	磨损较少	聚四氟乙烯滑板外露高度≥0.5mm
3	磨损较多	聚四氟乙烯滑板外露高度≥0.2mm且<0.5mm
4	磨损严重，并造成其他构件出现病害	聚四氟乙烯滑板外露高度<0.2mm

表 5.3.1-6　盆式支座位移、转角超限

标度	评定标准	
	定性描述	定量描述
1	完好	—
2	—	—
3	有位移现象,或有较大转角,转角超出设计值	位移≤10mm,或转角≤设计转角20%
4	位移现象较明显,或有很大转角,转角远超出设计值	位移>10mm,或转角>设计转角20%

5.3.2 钢支座评定指标及分级评定标准:

1　钢支座组件或功能缺陷评定标准见表 5.3.2-1。
2　钢支座位移、转角超限评定标准见表 5.3.2-2。
3　钢支座部件磨损、裂缝评定标准见表 5.3.2-3。

表 5.3.2-1　钢支座组件或功能缺陷

标度	评定标准	
	定性描述	定量描述
1	完好	—
2	有锈蚀现象;或牙板咬死;或个别锚栓出现剪断现象;或底板与垫石没有密贴,出现较大缝隙	锚栓剪断数量≤5%;或底板与垫石间缝隙宽度≤2.0mm,深度>50mm
3	大部分有锈蚀现象,并有剥落,或非主要受力部件出现脱焊;或牙板折断,辊轴连杆螺丝剪断;或锚栓剪断数量较多,螺杆松动;或底板与垫石没有密贴,出现很大的缝隙,出现翻浆、积水	锚栓剪断数量>5%且≤30%;或底板与垫石缝隙宽度>2.0mm,深度≥支座相应边长的25%
4	主要受力部件脱焊;或支座不能活动;或大量锚钉或锚栓剪断;或垫石出现严重裂损	锚钉或锚栓剪断数量>30%

表 5.3.2-2　钢支座位移、转角超限

标度	评定标准	
	定性描述	定量描述
1	完好	—
2	—	—
3	位移大于限值	纵向位移≤5mm,或横向位移≤2mm
4	位移大于限值严重,或倾斜度超标	纵向位移>5mm,或横向位移>2mm

表 5.3.2-3 钢支座部件磨损、裂缝

标度	评定标准	
	定性描述	定量描述
1	完好	—
2	钢部件磨损出现凹陷，或出现微裂缝	磨损凹陷≤1.0mm，或裂缝深度≤5.0mm
3	钢部件磨损出现凹陷，或出现较大裂缝	磨损凹陷>1.0mm且≤3.0mm，或裂缝深度>5.0mm且≤10.0mm
4	钢部件磨损出现严重凹陷，或出现较严重裂缝	磨损凹陷>3.0mm，或裂缝深度>10.0mm

5.3.3 混凝土摆式支座评定指标及分级评定标准：

1 混凝土缺损评定标准见表 5.3.3-1。
2 活动支座滑动面不平整、生锈咬死评定标准见表 5.3.3-2。
3 轴承有裂纹、切口或偏移评定标准见表 5.3.3-3。

表 5.3.3-1 混凝土缺损

标度	评定标准	
	定性描述	定量描述
1	完好	—
2	局部混凝土脱皮、露筋、裂纹、剥离、掉角	累计面积≤构件面积的5%
3	较大范围混凝土脱皮、露筋、酥裂	累计面积>构件面积的5%且≤构件面积的20%，或单处面积≤1.0m²
4	大范围混凝土脱皮、露筋、压碎	累计面积>构件面积的20%

表 5.3.3-2 活动支座滑动面不平整、生锈咬死

标度	评定标准
	定性描述
1	完好
2	—
3	滑动面不平整、出现生锈现象
4	滑动面不平整、生锈咬死，支座不活动

表 5.3.3-3 轴承有裂纹、切口或偏移

标度	评定标准
	定性描述
1	完好
2	—
3	轴承有裂纹、切口或偏移，影响了活动能力
4	轴承有裂纹、切口或偏移，失去了活动能力

5.3.4 悬索桥等除具有一般支座外，还有特殊的横向支座和竖向支座。此类特殊支座

主要评定指标及分级评定标准：
1 螺纹、螺帽松动或锚螺杆剪切评定标准见表5.3.4-1。
2 上下座板（盆）锈蚀评定标准见表5.3.4-2。
3 纵横线扭转评定标准见表5.3.4-3。

表5.3.4-1 螺纹、螺帽松动或锚螺杆剪切

标度	评定标准	
	定性描述	定量描述
1	完好	—
2	个别螺纹、螺帽轻微松动，或个别锚螺杆出现轻微剪切变形	
3	螺纹、螺帽出现松动，个别出现脱落，或锚螺杆出现剪切变形甚至剪断	螺纹、螺帽松动数量≤3%，或锚螺杆剪切变形数量≤10%
4	螺纹、螺帽出现松动、脱落甚至个别出现断裂，或锚螺杆出现剪切变形、剪断现象，并且造成相关上下部结构受到异常约束，出现损坏	螺纹、螺帽出现松动、脱落甚至断裂的数量>3%且≤10%，或锚螺杆出现剪切变形数量>10%且≤20%，锚螺杆剪断数量≤10%
5	螺纹、螺帽松动、脱落、断裂现象，或锚螺杆出现剪切变形、剪断现象，支座已经失去正常支承功能，并且造成相关上下部结构受到异常约束，严重损坏，主梁出现严重变形或挠度大于限值	螺纹、螺帽出现松动、脱落甚至断裂的数量>10%，或锚螺杆出现剪切变形数量>20%，锚螺杆剪断数量>10%

表5.3.4-2 上下座板（盆）锈蚀

标度	评定标准	
	定性描述	定量描述
1	完好	—
2	局部出现锈蚀	锈蚀面积≤5%
3	出现锈蚀，个别位置有剥落	锈蚀面积>5%且≤20%
4	出现锈蚀，大多数位置有剥落	锈蚀面积>20%

表5.3.4-3 纵横线扭转

标度	评定标准	
	定性描述	定量描述
1	完好	—
2	—	—
3	纵横线发生轻微扭转	纵横线扭转≤1.0mm
4	纵横线发生较大扭转	纵横线扭转>1.0mm

6 拱式桥上部结构构件技术状况评定

6.1 圬工拱桥

6.1.1 主拱圈评定指标及分级评定标准：
1 主拱圈变形评定标准见表6.1.1-1。
2 主拱圈裂缝评定标准见表6.1.1-2。
3 灰缝松散脱落评定标准见表6.1.1-3。
4 渗水评定标准见表6.1.1-4。
5 砌块断裂、脱落评定标准见表6.1.1-5。
6 风化评定标准见表6.1.1-6。
7 拱脚位移评定标准见表6.1.1-7。

表6.1.1-1 主拱圈变形

标度	评定标准
	定性描述
1	完好
2	
3	主拱圈线形有轻微变形，或边拱有横移或外倾现象
4	主拱圈线形有较明显的变形，如拱顶变形、桥面竖向呈波形
5	主拱圈严重变形，或拱顶挠度大于限值，严重影响桥梁结构安全

表6.1.1-2 主拱圈裂缝

标度	评定标准	
	定性描述	定量描述
1	完好	—
2	有少量轻微横向裂缝	横向裂缝缝长≤截面尺寸的1/8，缝宽≤0.1mm
3	结合面开裂或有纵向、横向裂缝，缝宽未超限	纵向裂缝缝长≤截面尺寸的1/8，缝宽≤0.5mm，或横向裂缝缝长>截面尺寸的1/8且≤截面尺寸的1/2，缝宽>0.1mm且≤0.3mm
4	结合面开裂或有较严重纵向、横向裂缝，缝宽超限	纵向裂缝缝长>截面尺寸的1/8，缝宽>0.5mm，或横向裂缝缝长>截面尺寸的1/2，缝宽>0.3mm
5	裂缝贯通截面或跨长，发生开合现象，或拱圈砌体严重断裂	缝宽>2.0mm

表6.1.1-3 灰缝松散脱落

标度	评定标准	
	定性描述	定量描述
1	完好	—
2	局部灰缝松散脱落	累计长度≤截面长度的10%,或单处长度≤1.0m
3	较大范围灰缝松散脱落	累计长度>截面长度的10%,或单处长度>1.0m

表6.1.1-4 渗 水

标度	评定标准
	定性描述
1	完好
2	拱圈局部有明显渗水现象
3	拱圈多处有明显渗水现象,渗水处伴有晶体析出现象,流膏处混凝土松散

表6.1.1-5 砌块断裂、脱落

标度	评定标准	
	定性描述	定量描述
1	完好	—
2	拱圈局部砌体小块断裂	断裂累计面积≤构件面积的1%,或单处面积≤0.5m²
3	拱圈小范围砌体断裂,甚至脱落	断裂累计面积>构件面积的1%且≤构件面积的10%,或单处面积>0.5m²,或砌体脱落面积≤构件面积的3%
4	拱圈较大范围砌体断裂,脱落现象较多	断裂累计面积>构件面积的10%,或砌体脱落面积>构件面积3%且≤构件面积的5%
5	拱圈大范围砌体断裂,脱落现象严重,严重影响桥梁结构安全	断裂累计面积>构件面积的10%,或砌体脱落面积>构件面积的5%

表6.1.1-6 风 化

标度	评定标准	
	定性描述	定量描述
1	完好	—
2	部分位置有风化现象,造成砌体表面剥落	风化面积≤构件面积的20%,或表面剥落面积≤构件面积的10%
3	大范围存在风化现象,并造成砌体表面剥落	风化面积>构件面积的20%,或表面剥落面积>构件面积的10%

表 6.1.1-7 拱 脚 位 移

标度	评 定 标 准
	定 性 描 述
1	完好
2	—
3	—
4	拱脚出现水平、竖向位移和转角
5	拱脚严重错台、位移,造成结构和桥面变形过大,严重影响桥梁结构安全

6.1.2 拱上结构评定指标及分级评定标准:

1 实腹拱的侧墙与主拱圈脱裂评定标准见表 6.1.2-1。
2 实腹拱的侧墙变形、位移评定标准见表 6.1.2-2。
3 实腹拱的拱上填料沉陷或开裂评定标准见表 6.1.2-3。
4 空腹拱的腹拱或横向联结系变形、错位评定标准见表 6.1.2-4。
5 立墙或立柱倾斜、开裂或脱落评定标准见表 6.1.2-5。
6 拱上结构裂缝评定标准见表 6.1.2-6。
7 拱上填料排水不畅评定标准见表 6.1.2-7。

表 6.1.2-1 实腹拱的侧墙与主拱圈脱裂

标度	评 定 标 准
	定 性 描 述
1	完好
2	个别位置出现脱裂,缝宽较小且不连续
3	侧墙与主拱圈间较大范围出现断裂、脱开,且断裂脱开连续
4	侧墙与主拱圈间大范围出现断裂、脱开,且断裂脱开连续,造成桥面变形
5	侧墙与主拱圈间严重脱裂,造成桥面板严重塌落或结构和桥面变形过大,严重影响结构安全

表 6.1.2-2 实腹拱的侧墙变形、位移

标度	评 定 标 准
	定 性 描 述
1	完好
2	—
3	侧墙出现鼓肚现象
4	侧墙出现倾斜、外移等变形现象,填料或桥面出现沉陷
5	侧墙产生严重倾斜、外移、鼓肚等现象,导致桥面出现严重塌陷或沉降,不能正常行车

表 6.1.2-3　实腹拱的拱上填料沉陷或开裂

标度	评定标准
	定性描述
1	完好
2	拱上填料出现轻微沉陷或开裂
3	拱上填料出现明显沉陷或开裂,但变形不影响正常行车
4	拱上填料出现较大范围沉陷或开裂,导致桥面出现塌陷或沉降

表 6.1.2-4　空腹拱的腹拱或横向联结系变形、错位

标度	评定标准
	定性描述
1	完好
2	—
3	个别腹拱或横向联结系出现变形、错位,但不影响行车
4	较多腹拱或横向联结系出现变形、错位,影响正常行车
5	腹拱或横向联结系产生严重变形、错位,导致桥面出现严重塌陷或沉降,变形过大,不能正常行车

表 6.1.2-5　立墙或立柱倾斜、开裂或脱落

标度	评定标准
	定性描述
1	完好
2	—
3	个别立墙或立柱出现倾斜、开裂甚至脱落
4	较多立墙或立柱出现倾斜,或大范围出现开裂、脱落,影响正常行车
5	立墙或立柱产生严重倾斜,或出现严重开裂、脱落,导致桥面出现严重塌陷或沉降,变形过大,不能正常行车

表 6.1.2-6　拱上结构裂缝

标度	评定标准	
	定性描述	定量描述
1	完好	—
2	拱上立柱(立墙)上下端水平裂缝:少量裂缝,缝宽未超限	拱上立柱(立墙)上下端水平裂缝:缝长≤立柱直径或立墙截面长的1/8
2	盖梁和横系梁裂缝:少量裂缝,缝宽未超限	盖梁和横系梁裂缝:缝长≤截面尺寸的1/3
2	腹拱拱顶、拱脚径向裂缝:少量裂缝,缝宽未超限	腹拱拱顶、拱脚径向裂缝:缝长≤截面尺寸的1/3
2	梁板跨中竖向裂缝:少量裂缝,缝宽未超限	梁板跨中竖向裂缝:缝长≤截面尺寸的1/3

续上表

标度	评定标准	
	定性描述	定量描述
3	拱上立柱(立墙)上下端水平裂缝:较多裂缝,缝宽未超限	拱上立柱(立墙)上下端水平裂缝:缝长>立柱直径或立墙截面长的1/8 且≤立柱直径或立墙截面长的1/2
	盖梁和横系梁裂缝:较多裂缝,缝宽未超限	盖梁和横系梁裂缝:缝长>截面尺寸的1/3 且≤截面尺寸的1/2,间距≥20cm
	腹拱拱顶、拱脚径向裂缝:较多裂缝,缝宽未超限	腹拱拱顶、拱脚径向裂缝:缝长>截面尺寸的1/3 且≤截面尺寸的2/3
	梁板跨中竖向裂缝:较多裂缝,缝宽未超限	梁板跨中竖向裂缝:缝长>截面尺寸的1/3 且≤截面尺寸的1/2,间距≥20cm
4	拱上立柱(立墙)上下端水平裂缝:有大量裂缝,部分缝宽超限	拱上立柱(立墙)上下端水平裂缝:缝长>立柱直径或立墙截面长的1/2
	盖梁和横系梁裂缝:有大量裂缝,部分缝宽超限	盖梁和横系梁裂缝:缝长>截面尺寸的1/2,间距<20cm
	腹拱拱顶、拱脚径向裂缝:有大量裂缝,部分缝宽超限	腹拱拱顶、拱脚径向裂缝:缝长>截面尺寸的2/3
	梁板跨中竖向裂缝:有大量裂缝,部分缝宽超限	梁板跨中竖向裂缝:缝长>截面尺寸的1/2,间距<20cm

表 6.1.2-7 拱上填料排水不畅

标度	评定标准
	定性描述
1	完好
2	排水不畅,导致侧墙出现渗水
3	排水不畅,填土聚积水分,导致侧墙出现轻微鼓肚
4	排水不畅,填土聚积大量水分,导致侧墙出现渗水甚至变形

6.2 钢筋混凝土拱桥

6.2.1 板拱桥、肋拱桥和箱拱桥主拱圈评定指标及分级评定标准:

1 主拱圈变形评定标准见表 6.2.1-1。

2 主拱圈裂缝评定标准见表 6.2.1-2。

3 渗水评定标准见表 6.2.1-3。

4 拱铰功能受损评定标准见表 6.2.1-4。

5 拱脚位移评定标准见表 6.2.1-5。

6 蜂窝、麻面评定标准见表 5.1.1-1。

7 剥落、掉角评定标准见表5.1.1-2。

8 空洞、孔洞评定标准见表5.1.1-3。

9 混凝土保护层厚度评定标准见表5.1.1-4。

10 钢筋锈蚀评定标准见表5.1.1-5。

11 混凝土碳化评定标准见表5.1.1-6。

12 混凝土强度评定标准见表5.1.1-7。

表 6.2.1-1 主拱圈变形

标度	评定标准
	定性描述
1	完好
2	—
3	有轻微变形,或边拱有横移或外倾现象
4	拱圈存在明显的永久变形,拱顶下挠在限值内,桥面竖向呈波形
5	拱圈严重变形,拱顶挠度大于限值,受压构件有严重的横向扭曲变形,严重影响结构安全

表 6.2.1-2 主拱圈裂缝

标度	评定标准	
	定性描述	定量描述
1	完好,无裂缝	—
2	有少量轻微横向裂缝	横向裂缝缝长≤截面尺寸的1/8,缝宽≤0.1mm
3	结合面开裂或有纵向、横向裂缝,缝宽未超限	纵向裂缝缝长≤截面尺寸的1/8,缝宽≤0.5mm,或横向裂缝缝长>截面尺寸的1/8且≤截面尺寸的1/2,缝宽>0.1mm且≤0.3mm
4	结合面开裂或有较严重纵向、横向裂缝,缝宽超限	纵向裂缝缝长>截面尺寸的1/8,缝宽>0.5mm,或横向裂缝缝长>截面尺寸的1/2,缝宽>0.3mm
5	裂缝贯通截面或跨长,发生开合现象,甚至主拱圈发生明显变形	缝宽>2.0mm

表 6.2.1-3 渗 水

标度	评定标准
	定性描述
1	完好
2	有轻微渗水现象
3	拱圈局部有明显渗水现象
4	拱圈多处有明显渗水现象,渗水处伴有晶体析出或锈蚀现象,流膏处混凝土松散

表 6.2.1-4 拱铰功能受损

标度	评定标准
	定 性 描 述
1	完好
2	—
3	拱铰部分受损,但功能尚存
4	拱铰受损较严重,有错位、拉开现象,甚至部分压裂,部分丧失功能
5	拱铰严重受损,有错位、拉开现象,混凝土压裂或功能丧失,拱圈出现严重变形

表 6.2.1-5 拱脚位移

标度	评定标准
	定 性 描 述
1	完好
2	—
3	—
4	拱脚出现水平、竖向位移和转角,位移小于限值
5	拱脚不稳定,出现严重错台、位移或转角,造成结构和桥面变形过大,严重影响结构安全

6.2.2 板拱桥、肋拱桥和箱拱桥拱上结构评定指标及分级评定标准:

1 实腹拱的侧墙与主拱圈间脱裂评定标准见表6.2.2-1。
2 侧墙变形评定标准见表6.2.2-2。
3 拱上填料沉陷或开裂评定标准见表6.2.2-3。
4 空腹拱的腹拱、横向联结系变形、错位评定标准见表6.2.2-4。
5 立墙或立柱倾斜评定标准见表6.2.2-5。
6 表面缺陷评定标准见表6.2.2-6。
7 拱上结构裂缝评定标准见表6.2.2-7。
8 拱上填料排水不畅评定标准见表6.2.2-8。

表 6.2.2-1 实腹拱的侧墙与主拱圈间脱裂

标度	评定标准
	定 性 描 述
1	完好
2	个别位置出现脱裂,缝宽较小且不连续
3	侧墙与主拱圈间较大范围出现断裂、脱开,且断裂脱开连续
4	侧墙与主拱圈间大范围出现断裂、脱开,且断裂脱开连续,结构出现变形
5	侧墙与主拱圈间严重脱裂,造成桥面板严重塌落,结构或桥面变形过大

表6.2.2-2 侧墙变形

标度	评定标准
	定性描述
1	完好
2	—
3	侧墙出现鼓肚现象
4	侧墙出现倾斜、外移等变形现象，填料出现轻微沉陷
5	侧墙产生严重倾斜、外移、鼓肚等现象，导致桥面出现塌陷或沉降，变形大于限值或不能正常行车

表6.2.2-3 拱上填料沉陷或开裂

标度	评定标准
	定性描述
1	完好
2	拱上填料出现轻微沉陷或开裂
3	拱上填料出现明显沉陷或开裂，但变形不影响正常行车
4	拱上填料出现严重沉陷或开裂，导致桥面出现塌陷或沉降，变形过大，不能正常行车

表6.2.2-4 空腹拱腹拱、横向联结系变形、错位

标度	评定标准
	定性描述
1	完好
2	—
3	个别腹拱或横向联结系出现变形、错位，但不影响行车
4	较多腹拱或横向联结系出现变形、错位，影响正常行车
5	腹拱或横向联结系产生严重变形、错位，导致桥面出现严重塌陷或沉降，变形过大，不能正常行车，造成安全隐患

表6.2.2-5 立墙或立柱倾斜

标度	评定标准
	定性描述
1	完好
2	—
3	个别立墙或立柱出现轻微倾斜
4	较多立墙或立柱出现倾斜，影响正常行车
5	立墙或立柱产生严重倾斜，桥面出现严重塌陷或沉降，变形过大，不能正常行车

表 6.2.2-6 表面缺陷

标度	评定标准	
	定性描述	定量描述
1	完好	—
2	出现蜂窝麻面、剥落、掉角、空洞、孔洞、碳化、腐蚀等现象	累计面积≤构件面积的10%，单处面积≤1.0m²
3	较大面积出现蜂窝麻面、剥落、掉角、空洞、孔洞等现象；或部分位置出现碳化，局部碳化深度大于混凝土保护层厚度；或混凝土受到腐蚀、冻融，钢筋出现锈蚀或混凝土胀裂	累计面积>构件面积的10%且≤构件面积的20%，单处面积>1.0m²
4	大面积出现严重空洞、孔洞、剥落、掉角现象；或大部分位置碳化，碳化深度大于混凝土保护层厚度，混凝土表面胶凝料大量松散粉化；或构件腐蚀、冻融，钢筋大量锈蚀或混凝土胀裂	累计面积>构件面积的20%，单处面积>1.0m²

表 6.2.2-7 拱上结构裂缝

标度	评定标准	
	定性描述	定量描述
1	完好	—
2	拱上立柱(立墙)上下端水平裂缝：少量裂缝，缝宽未超限	拱上立柱(立墙)上下端水平裂缝：缝长≤立柱直径或立墙截面长的1/8
2	盖梁和横系梁裂缝：有少量裂缝，缝宽未超限	盖梁和横系梁裂缝：缝长≤截面尺寸的1/3
2	腹拱拱顶、拱脚径向裂缝：出现裂缝，缝宽未超限	腹拱拱顶、拱脚径向裂缝：缝长≤截面尺寸的1/3
2	梁板跨中竖向裂缝：少量裂缝，缝宽未超限	梁板跨中竖向裂缝：缝长≤截面尺寸的1/3
3	拱上立柱(立墙)上下端水平裂缝：较多裂缝，缝宽未超限	拱上立柱(立墙)上下端水平裂缝：缝长>立柱直径或立墙截面长的1/8且≤立柱直径或立墙截面长的1/2
3	盖梁和横系梁裂缝：较多裂缝，缝宽未超限	盖梁和横系梁裂缝：缝长>截面尺寸的1/3且≤截面尺寸的1/2，间距≥20cm
3	腹拱拱顶、拱脚径向裂缝：较多裂缝，缝宽未超限	腹拱拱顶、拱脚径向裂缝：缝长>截面尺寸的1/3且≤截面尺寸的2/3
3	梁板跨中竖向裂缝：较多裂缝，缝宽未超限	梁板跨中竖向裂缝：缝长>截面尺寸的1/2且≤截面尺寸的2/3，间距≥20cm

续上表

标度	评定标准	
	定性描述	定量描述
4	拱上立柱(立墙)上下端水平裂缝:大量裂缝,缝宽超限	拱上立柱(立墙)上下端水平裂缝:缝长>立柱直径或立墙截面长的1/2
	盖梁和横系梁裂缝:大量裂缝,缝宽超限	盖梁和横系梁裂缝:缝长>截面尺寸的1/2,间距<20cm
	腹拱拱顶、拱脚径向裂缝:大量裂缝,缝宽超限	腹拱拱顶、拱脚径向裂缝:缝长>截面尺寸的2/3
	梁板跨中竖向裂缝:大量裂缝,缝宽超限	梁板跨中竖向裂缝:缝长>截面尺寸的2/3,间距<20cm

表6.2.2-8 拱上填料排水不畅

标度	评定标准
	定性描述
1	完好
2	排水不畅,导致侧墙出现渗水
3	排水不畅,填土聚积水分,导致侧墙出现轻微鼓肚
4	排水不畅,填土聚积大量水分,导致侧墙出现大量渗水,侧墙出现鼓肚、松动

6.2.3 双曲拱桥主拱圈评定指标及分级评定标准:

1 主拱圈、横向联结系变形评定标准见表6.2.3-1。
2 渗水评定标准见表6.2.3-2。
3 主拱圈裂缝评定标准见表6.2.3-3。
4 拱脚位移评定标准见表6.2.1-5。
5 蜂窝、麻面评定标准见表5.1.1-1。
6 剥落、掉角评定标准见表5.1.1-2。
7 空洞、孔洞评定标准见表5.1.1-3。

表6.2.3-1 主拱圈、横向联结系变形

标度	评定标准
	定性描述
1	完好
2	主拱圈无明显变形,或个别横向联结系轻微松动、开裂,或横向联结系出现轻微扭曲变形,拱肋各肋间变形趋于一致
3	边拱肋有轻微横移或外倾,或少部分横向联结拉杆松动、开裂,横向联结系出现明显变形,但强度足够,拱肋变形比较均匀
4	拱圈存在明显的变形,拱顶下挠,变形过大,桥面竖向呈波形,或横向联结系出现明显永久变形,产生损坏,横向稳定性弱,拱波出现较严重的纵向裂缝且裂缝大于限值
5	拱圈出现严重异常变形、开裂、拱顶下沉,变形过大;或受压构件有严重的横向扭曲变形;或横向联结系强度严重不足甚至没有设置,横向联结系产生严重损坏,横向稳定性严重不足,拱肋横桥向变形非常不均匀,拱波出现贯通纵向裂缝且裂缝大于限值,大量横向联结拉杆松动、断裂导致拱肋严重变形,不能正常行车

表 6.2.3-2 渗 水

标度	评 定 标 准
	定 性 描 述
1	完好
2	有轻微渗水现象
3	局部拱圈有明显渗水现象
4	多处拱圈有明显渗水现象,渗水处伴有晶体析出或锈蚀现象,流膏处混凝土松散

表 6.2.3-3 主拱圈裂缝

标度	评 定 标 准	
	定性描述	定量描述
1	完好,无裂缝	—
2	横向裂缝:有少量裂缝,缝宽未超限	横向裂缝:缝长≤截面尺寸的1/3
	拱波和拱肋结合部位的纵向裂缝:出现开裂,缝宽未超限	拱波和拱肋结合部位的纵向裂缝:缝长≤截面尺寸的1/3
	跨中截面肋波接合面的环向裂缝:出现少量开裂,缝宽未超限	跨中截面肋波接合面的环向裂缝:缝长≤截面尺寸的1/3
	拱波纵向裂缝:结合面开裂或有纵向裂缝,缝宽未超限	拱波纵向裂缝:缝长≤结合面长度或跨长的1/8
	横向联结系构件裂缝:有少量裂缝,缝宽未超限	横向联结系构件裂缝:缝长≤截面尺寸的1/3
3	横向裂缝:较多裂缝,缝宽未超限	横向裂缝:缝长>截面尺寸的1/3且≤截面尺寸的2/3,间距≥30cm
	拱波和拱肋结合部位的纵向裂缝:结合部出现较多纵向裂缝	拱波和拱肋结合部位的纵向裂缝:缝长>截面尺寸的1/3且≤截面尺寸的2/3,缝宽≤0.2mm
	跨中截面肋波接合面的环向裂缝:出现较多环向裂缝,缝宽未超限	跨中截面肋波接合面的环向裂缝:缝长>截面尺寸的1/3且≤截面尺寸的1/2
	拱波纵向裂缝:较多纵向裂缝	拱波纵向裂缝:缝长>结合面长度或跨长的1/8且≤结合面长度或跨长的1/2,缝宽≤0.5mm
	横向联结系构件裂缝:有较多裂缝,缝宽未超限	横向联结系构件裂缝:缝长>截面尺寸的1/3且≤截面尺寸的2/3,间距≥20cm
4	横向裂缝:重点部位缝宽超限	横向裂缝:缝长>截面尺寸的2/3,间距<30cm
	拱波和拱肋结合部位的纵向裂缝:接合部出现大量裂缝	拱波和拱肋结合部位的纵向裂缝:缝长>截面尺寸的2/3,部分缝>0.2mm
	跨中截面肋波接合面的环向裂缝:出现大量环向裂缝,缝宽超限	跨中截面肋波接合面的环向裂缝:缝长>截面尺寸的1/2
	拱波纵向裂缝:出现大量纵向裂缝	拱波纵向裂缝:缝长>结合面长或跨长的1/2,缝宽>0.5mm
	横向联结系构件裂缝:大量裂缝,缝宽超限	横向联结系构件裂缝:缝长>截面尺寸的2/3,间距<20cm
5	控制截面出现大量结构性裂缝,裂缝大多贯通,且缝宽超限,主梁出现变形	—

6.2.4 双曲拱桥拱上结构评定指标及分级评定标准依照板拱桥、肋拱桥、箱拱桥拱上结构相关规定。

6.2.5 刚架拱桥的刚架拱片以及微弯板评定指标及分级评定标准：
  1 跨中挠度评定标准见表6.2.5-1。
  2 横系梁与拱片联结松动、开裂评定标准见表6.2.5-2。
  3 微弯板穿孔、塌陷、露筋评定标准见表6.2.5-3。
  4 裂缝评定标准见表6.2.5-4。
  5 拱脚位移评定标准见表6.2.1-5。
  6 蜂窝、麻面评定标准见表5.1.1-1。
  7 剥落、掉角评定标准见表5.1.1-2。
  8 空洞、孔洞评定标准见表5.1.1-3。

表6.2.5-1 跨中挠度

标度	评定标准	
	定性描述	定量描述
1	完好	—
2		—
3	跨中下挠,拱轴线偏离	跨中最大挠度≤计算跨径的1/1 000
4	下挠较严重,拱轴线偏离	跨中最大挠度>计算跨径的1/1 000且≤计算跨径的1/800
5	下挠严重,拱圈严重变形、开裂,拱轴线严重偏离,变形随时间发展迅速,影响结构安全	跨中最大挠度>计算跨径的1/800

表6.2.5-2 横系梁与拱片联结松动、开裂

标度	评定标准
	定性描述
1	完好
2	个别横系梁与拱片联结松动、开裂
3	横系梁与拱片联结松动、开裂,个别横系梁出现竖向开裂
4	横系梁与拱片联结松动、开裂导致拱片变形、位移大于限值,同时横系梁出现脱落现象
5	横系梁与拱片联结严重松动、开裂,拱片出现严重变形、位移,甚至导致桥面严重塌陷或沉降

表6.2.5-3 微弯板穿孔、塌陷、露筋

标度	评定标准
	定性描述
1	完好
2	微弯板出现极个别露筋、穿孔
3	微弯板出现较多露筋、穿孔现象
4	微弯板出现大量露筋、穿孔,出现少量塌陷现象
5	微弯板严重塌陷,不能正常行车并造成严重安全隐患

表 6.2.5-4 裂　　缝

标度	评定标准	
	定性描述	定量描述
1	完好,无裂缝	—
2	竖向裂缝:有少量裂缝,缝宽未超限	竖向裂缝:缝长≤截面尺寸的1/3
	微弯板或肋腋板纵向开裂:出现开裂,缝宽未超限	微弯板或肋腋板纵向开裂:缝长≤截面尺寸的1/8
	横向裂缝:有少量裂缝,缝宽未超限	横向裂缝:缝长≤截面尺寸的1/3
	实腹段、拱腿斜裂缝:有少量裂缝,缝宽未超限	实腹段、拱腿斜裂缝:缝长≤截面尺寸的1/3
3	竖向裂缝:较多裂缝,缝宽未超限	竖向裂缝:缝长>截面尺寸的1/3且≤截面尺寸的1/2,间距≥30cm
	微弯板或肋腋板纵向开裂:结合部出现较多纵向裂缝,缝宽未超限	微弯板或肋腋板纵向开裂:长度>截面尺寸的1/8且≤截面尺寸的1/3
	横向裂缝:较多裂缝,缝宽未超限	横向裂缝:缝长>截面尺寸的1/3且≤截面尺寸的2/3,间距≥20cm
	实腹段、拱腿斜裂缝:较多裂缝,缝宽未超限	实腹段、拱腿斜裂缝:缝长>截面尺寸的1/3且≤截面尺寸的1/2
4	竖向裂缝:大量裂缝,缝宽超限	竖向裂缝:缝长>截面尺寸的1/2,间距<30cm
	微弯板或肋腋板纵向开裂:接合部出现大量裂缝,缝宽超限	微弯板或肋腋板纵向开裂:缝长>截面尺寸的1/3
	横向裂缝:大量裂缝,缝宽超限值	横向裂缝:缝长>截面尺寸的2/3,间距<20cm
	实腹段、拱腿斜裂缝:缝宽超限值	实腹段、拱腿斜裂缝:缝长>截面尺寸的1/2
5	控制截面出现大量结构性裂缝,裂缝大多贯通,且缝宽超限,主梁出现变形	缝宽>1.0mm,间距<10cm

6.2.6 刚架拱桥横向联结系评定指标及分级评定标准:

1 混凝土压碎评定标准见表6.2.6-1。

2 连接部钢板锈蚀、断裂评定标准见表6.2.6-2。

3 裂缝评定标准见表6.2.6-3。

4 变形评定标准见表6.2.6-4。

5 蜂窝、麻面评定标准见表5.1.1-1。

6 剥落、掉角评定标准见表5.1.1-2。

7 空洞、孔洞评定标准见表5.1.1-3。

表 6.2.6-1 混凝土压碎

标度	评定标准
	定性描述
1	完好
2	混凝土局部裂缝、剥离、掉角
3	混凝土出现酥裂
4	混凝土部分压碎,非关键杆件有失稳隐患
5	关键部位混凝土压碎或杆件失稳,造成桥面板严重塌陷

表 6.2.6-2 连接部钢板锈蚀、断裂

标度	评定标准
	定性描述
1	完好
2	基本完好,极少量钢板锈蚀,无断裂现象
3	较多钢板锈蚀,少部分钢板出现穿孔或断裂
4	大量钢板出现锈蚀、断裂,造成主拱变形
5	大量钢板严重锈蚀、断裂,造成主拱严重变形并产生破坏,影响结构安全

表 6.2.6-3 裂　缝

标度	评定标准	
	定性描述	定量描述
1	无裂缝	—
2	较少裂缝,缝宽未超限	缝长≤截面尺寸的1/3,间距>30cm
3	较多裂缝,缝宽未超限	缝长>截面尺寸的1/3且≤截面尺寸的2/3,间距≥20cm
4	大量裂缝,缝宽超限,部分贯通	缝长>截面尺寸的2/3,间距<20cm

表 6.2.6-4 变　形

标度	评定标准
	定性描述
1	完好
2	—
3	轻微变形,变形小于限值
4	明显永久变形,变形过大,造成拱片出现裂缝
5	明显变形异常,拱片变形过大,产生严重破坏,或者造成桥面板严重塌落

6.2.7 桁架拱桥的桁架拱片及微弯板的评定指标及分级评定标准:

1 构件变形评定标准见表 6.2.7-1。

2 拱片连接处混凝土断裂评定标准见表 6.2.7-2。

3 上弦杆缺陷评定标准见表 6.2.7-3。

4 裂缝评定标准见表 6.2.7-4。

5 微弯板穿孔、塌陷、露筋评定标准见表 6.2.5-3。

6 拱脚位移评定标准见表 6.2.1-5。

7 蜂窝、麻面评定标准见表 5.1.1-1。

8 剥落、掉角评定标准见表 5.1.1-2。

9 空洞、孔洞评定标准见表 5.1.1-3。

表 6.2.7-1 构件变形

标度	评定标准
	定性描述
1	完好
2	—
3	个别次要构件出现弯曲变形,行车稍感振动或摇晃
4	个别主要构件出现异常弯曲变形,行车振动或摇晃明显或有异常音
5	较多主要构件出现严重变形或开裂,显著影响承载力,结构振动或摇晃显著,有不正常移动

表 6.2.7-2 拱片连接处混凝土断裂

标度	评定标准
	定性描述
1	完好
2	—
3	少量拱片连接处混凝土出现轻微碎裂
4	大量拱片连接处混凝土出现大面积碎裂
5	大量拱片连接处混凝土出现完全碎裂,拱圈严重变形,显著影响承载力

表 6.2.7-3 上弦杆缺陷

标度	评定标准
	定性描述
1	完好
2	个别上弦杆出现拉裂现象
3	部分位置上弦杆与行车道板出现脱空现象
4	较多位置上弦杆与行车道板脱空,拱圈或桥面板有变形现象
5	几乎所有位置上弦杆与行车道板脱空,拱圈或桥面板严重变形,甚至桥面板出现严重塌陷

表 6.2.7-4 裂 缝

标度	评定标准	
	定性描述	定量描述
1	完好,无裂缝	—
2	竖向裂缝:有少量裂缝,缝宽未超限	竖向裂缝:缝长≤截面尺寸的1/3
	纵向开裂:有少量开裂,缝宽未超限	纵向开裂:缝长≤截面尺寸的1/3
	连接处裂缝:有少量杆件连接处出现开裂,缝宽未超限	连接处裂缝:缝长≤截面尺寸的1/3
	横向裂缝:有少量裂缝,缝宽未超限	横向裂缝:缝长≤截面尺寸的1/3
	实腹段斜裂缝:有少量裂缝,缝宽未超限	实腹段斜裂缝:缝长≤截面尺寸的1/3

续上表

标度	评定标准	
	定性描述	定量描述
3	竖向裂缝:较多裂缝,缝宽未超限	竖向裂缝:缝长>截面尺寸的1/3且≤截面尺寸的1/2,间距≥30cm
	纵向开裂:结合部出现较多纵向裂缝,缝宽未超限	纵向开裂:缝长>截面尺寸的1/3且≤截面尺寸的2/3
	连接处裂缝:有少量杆件连接处出现开裂,缝宽未超限	连接处裂缝:缝长>截面尺寸的1/3且≤截面尺寸的1/2
	横向裂缝:较多裂缝,缝宽未超限	横向裂缝:缝长>截面尺寸的1/2且≤截面尺寸的2/3,间距≥20cm
	实腹段斜裂缝:较多裂缝,缝宽未超限	实腹段斜裂缝:缝长>截面尺寸的1/3且≤截面尺寸的1/2
4	竖向裂缝:大量裂缝,缝宽超限	竖向裂缝:缝长>截面尺寸的1/2,间距<30cm
	纵向开裂:接合部出现大量裂缝,缝宽超限	纵向开裂:缝长>截面尺寸的2/3
	连接处裂缝:有大量杆件连接处出现开裂,缝宽超限	连接处裂缝:缝长>截面尺寸的1/2
	横向裂缝:大量裂缝,缝宽超限	横向裂缝:缝长>截面尺寸的2/3,间距<20cm
	实腹段斜裂缝:大量裂缝,缝宽超限	实腹段斜裂缝:缝长>截面尺寸的1/2
5	控制截面出现大量结构性裂缝,裂缝大多贯通,且缝宽超限,主梁出现变形	缝宽>1.0mm,间距<10cm

6.2.8 桁架拱桥的横向联结系评定指标及分级评定标准:

1 变形评定标准见表6.2.8-1。
2 裂缝评定标准见表6.2.8-2。
3 混凝土压碎评定标准见表6.2.6-1。
4 蜂窝、麻面评定标准见表5.1.1-1。
5 剥落、掉角评定标准见表5.1.1-2。
6 空洞、孔洞评定标准见表5.1.1-3。

表6.2.8-1 变 形

标度	评定标准
	定性描述
1	完好
2	—
3	出现轻微变形现象,变形小于限值
4	明显永久变形,变形过大,造成桁架拱片产生较严重破坏
5	明显变形异常,桁架拱片变形过大,拱片失稳,产生严重破坏,或者造成桥面板严重塌落

表 6.2.8-2　裂　缝

标度	评定标准	
	定性描述	定量描述
1	完好	—
2	有少量裂缝,缝宽未超限	缝长≤截面尺寸的1/3,间距>30cm
3	裂缝较多,缝宽未超限	缝长>截面尺寸的1/3且≤截面尺寸的2/3,间距>20cm
4	有大量裂缝且缝宽超限	缝长>截面尺寸的2/3,间距<20cm

6.2.9 拱式桥桥面板评定指标及分级评定标准依照梁式桥上部结构构件相关规定。

6.3　钢—混凝土组合拱桥

6.3.1 拱肋、横向联结系评定指标及分级评定标准：
1　涂层缺陷评定标准见表 6.3.1-1。
2　焊缝开裂评定标准见表 6.3.1-2。
3　混凝土裂缝评定标准见表 6.3.1-3。
4　构件扭曲变形、局部损伤评定标准见表 6.3.1-4。
5　构件腐蚀、生锈评定标准见表 6.3.1-5。
6　管内混凝土填充不密实或脱空评定标准见表 6.3.1-6。
7　主拱圈挠度评定标准见表 6.3.1-7。
8　拱肋位移评定标准见表 6.3.1-8。
9　蜂窝、麻面评定标准见表 5.1.1-1。
10　剥落、掉角评定标准见表 5.1.1-2。
11　空洞、孔洞评定标准见表 5.1.1-3。
12　混凝土保护层厚度评定标准见表 5.1.1-4。
13　钢筋锈蚀评定标准见表 5.1.1-5。
14　混凝土碳化评定标准见表 5.1.1-6。

表 6.3.1-1　涂层缺陷

标度	评定标准	
	定性描述	定量描述
1	完好	—
2	涂层有轻微损坏、裂纹、起皮或剥落	累计面积≤构件面积的10%,单处面积≤1.0m²
3	较大范围涂层有损坏、裂纹、起皮或剥落	累计面积>构件面积的10%且≤构件面积的20%,单处面积>1.0m²
4	大范围涂层有损坏、裂纹、起皮或剥落	累计面积>构件面积的20%,单处面积>1.0m²

表6.3.1-2 焊缝开裂

标度	评定标准
	定性描述
1	完好
2	焊缝部位涂层有少量裂纹,但符合相关规范要求
3	较多焊缝存在裂缝,且不符合相关规范要求
4	大量焊缝存在裂缝,且不符合相关规范要求

表6.3.1-3 混凝土裂缝

标度	评定标准	
	定性描述	定量描述
1	完好	—
2	局部出现网状裂纹,或有少量裂缝,缝宽未超限	网状裂纹累计面积≤构件面积的20%,单处面积≤1.0m²,或裂缝缝长≤截面尺寸的1/3
3	大面积出现网状裂纹,或有较多裂缝,缝宽未超限	网状裂纹累计面积>构件面积的20%,单处面积>1.0m²,或裂缝缝长>截面尺寸的1/3且≤截面尺寸的1/2,间距<20cm
4	有大量裂缝,大多贯通且重点部位缝宽超限	缝长>截面尺寸的1/2,间距<20cm

表6.3.1-4 构件扭曲变形、局部损伤

标度	评定标准
	定性描述
1	完好
2	—
3	构件存在轻微扭曲现象,横向联结件出现松动
4	构件存在明显的永久变形,桥面线形变化明显,行车振动或摇晃明显或有异常音,变形过大
5	构件存在明显的永久变形,桥面线形变化明显,结构振动或摇晃显著,有不正常移动,变形过大,严重影响结构安全

表6.3.1-5 构件腐蚀、生锈

标度	评定标准	
	定性描述	定量描述
1	完好	—
2	构件表面有少量油脂和污垢,且没有附着不牢的氧化皮、铁锈和油漆层	锈蚀累计面积≤构件面积的5%
3	构件表面发生锈蚀,并且部分氧化皮或油漆层已经剥落或者可以刮除,部位出现锈蚀成洞现象	锈蚀累计面积>构件面积的5%且≤构件面积的10%,或锈蚀孔洞≤2个,孔洞直径≤杆件宽度的15%(或≤30mm)
4	构件表面存在严重点蚀现象,氧化皮或油漆层因锈蚀而全面剥离,较多部位被锈蚀成洞,影响结构安全	锈蚀累计面积>构件面积的10%,或锈蚀孔洞>2个,孔洞直径>杆件宽度的15%(或>30mm)

表6.3.1-6 管内混凝土填充不密实或脱空

标度	评定标准
	定性描述
1	完好
2	管内混凝土存在数量极少的脱空现象
3	管内混凝土存在少部分脱空现象
4	管内混凝土存在较多脱空现象

表6.3.1-7 主拱圈挠度

标度	评定标准	
	定性描述	定量描述
1	完好	—
2	—	—
3	挠度小于限值	跨中最大挠度≤计算跨径的1/1 000
4	挠度大于限值	跨中最大挠度>计算跨径的1/1 000且≤计算跨径的1/800
5	挠度严重大于限值,显著影响承载力,有不正常移动,或造成梁板出现严重病害,影响行车安全	跨中最大挠度>计算跨径的1/800

表6.3.1-8 拱肋位移

标度	评定标准
	定性描述
1	完好
2	—
3	—
4	拱肋沿顺桥向或横桥向出现异常位移变形,行车振动或摇晃明显或有异常音
5	拱肋沿顺桥向或横桥向出现严重的位移变形,存在失稳现象,桥面线形、纵向位移伸缩量出现显著异常,结构振动或摇晃显著

6.3.2 立柱评定指标及分级评定标准:

1 混凝土裂缝评定标准见表6.3.2-1。
2 涂层缺陷评定标准见表6.3.1-1。
3 焊缝开裂评定标准见表6.3.1-2。
4 构件扭曲变形、局部损伤评定标准见表6.3.1-4。
5 构件腐蚀、生锈评定标准见表6.3.1-5。
6 管内混凝土填充不密实或脱空评定标准见表6.3.1-6。

7 蜂窝、麻面评定标准见表5.1.1-1。

8 剥落、掉角评定标准见表5.1.1-2。

9 空洞、孔洞评定标准见表5.1.1-3。

10 钢筋锈蚀评定标准见表5.1.1-5。

表6.3.2-1 混凝土裂缝

标度	评定标准	
	定性描述	定量描述
1	完好	—
2	局部出现网状裂纹,或有少量裂缝,缝宽未超限	网状裂纹累计面积≤构件面积的20%,单处面积≤1.0m²,或裂缝缝长≤截面尺寸的1/2,间距>30cm
3	大面积出现网状裂纹,或有较多裂缝,缝宽未超限	网状裂纹累计面积>构件面积的20%,单处面积>1.0m²,或裂缝缝长>截面尺寸的1/2且≤截面尺寸的2/3,间距≥20cm
4	有大量裂缝,大多贯通且重点部位缝宽超限	缝长>截面尺寸的2/3,间距<20cm

6.3.3 吊杆评定指标及分级评定标准:

1 渗水(吊杆两端的锚固部位、锚头、横梁锚固构造、吊杆套管、减振器等)评定标准见表6.3.3-1。

2 锈蚀(锚头、螺栓、钢管护套等)评定标准见表6.3.3-2。

3 锚头损坏评定标准见表6.3.3-3。

4 橡胶老化变质(吊杆端部及减振器)评定标准见表6.3.3-4。

5 防护套损坏(吊杆端部出口处钢管护套以及钢管护套与PE护套连接处)评定标准见表6.3.3-5。

6 吊杆的防护层破坏评定标准见表6.3.3-6。

7 断丝评定标准见表6.3.3-7。

8 蜂窝、麻面评定标准见表5.1.1-1。

9 剥落、掉角评定标准见表5.1.1-2。

10 空洞、孔洞评定标准见表5.1.1-3。

表6.3.3-1 渗 水

标度	评定标准
	定性描述
1	完好
2	有轻微渗水现象
3	个别构件防水渗透装置损坏,有明显渗水现象,并有锈蚀
4	构件防水渗透装置损坏,多处构件有明显渗水现象并伴有较严重锈蚀现象

表 6.3.3-2 锈　　蚀

标度	评定标准	
	定性描述	定量描述
1	完好	—
2	构件表面有少量油脂和污垢,且没有附着不牢的氧化皮、铁锈和油漆层	锈蚀累计面积≤构件面积的3%
3	构件表面发生锈蚀,且部分氧化皮或油漆层已经剥落	锈蚀累计面积>构件面积的3%且≤构件面积的10%
4	构件表面有大量点蚀现象,氧化皮或油漆层因锈蚀而部分剥落或者可以刮除,出现锈蚀成洞现象	锈蚀累计面积>构件面积的10%,有2个以内的锈蚀孔洞
5	构件表面有严重点蚀现象,氧化皮或油漆层因锈蚀而全面剥离,较多部位被锈蚀成洞,影响结构安全	锈蚀累计面积>构件面积的10%,有2个以上的锈蚀孔洞

表 6.3.3-3 锚头损坏

标度	评定标准
	定性描述
1	完好
2	个别锚头出现轻微破损现象
3	个别锚头出现破损、松动现象
4	多数锚头出现破损、松动或裂缝现象

表 6.3.3-4 橡胶老化变质

标度	评定标准
	定性描述
1	完好
2	吊索端部及减振器部位橡胶轻微老化,表面有脏污,或减振措施有极个别处表面轻微损坏
3	吊索端部及减振器部位橡胶老化变形,或减振措施较多处出现松动或损坏
4	吊索端部及减振器部位橡胶老化变形,并有破裂渗水现象,或减振措施出现大量损坏,失去效用

表 6.3.3-5 防护套损坏

标度	评定标准	
	定性描述	定量描述
1	完好	—
2	个别防护套以及连接处有轻微松动现象,或防护套油漆变色、轻微损坏、裂纹、起皮、剥落	防护套油漆失效面积≤构件面积的10%
3	较多防护套以及连接处有松动或套管顶未密封,或防护套较大范围涂层有较严重损坏、裂纹、起皮、剥落	防护套油漆累计失效面积>构件面积的10%且≤构件面积的20%
4	大量防护套以及连接处有松动或套管顶未密封,造成渗水现象,或防护套大范围涂层有严重损坏、裂纹、起皮、剥落	防护套油漆累计失效面积>构件面积的20%

表 6.3.3-6 吊杆的防护层破坏

标度	评定标准
	定性描述
1	完好
2	个别吊杆防护层存在轻微老化或破损现象
3	较多吊杆防护层存在老化、破损、裂纹现象
4	大量吊杆防护层严重老化、破损、裂纹、积水,造成吊杆锈蚀严重

表 6.3.3-7 断　丝

标度	评定标准
	定性描述
1	完好
2	极个别吊杆钢丝有少量疲劳现象,无断裂情况,满足设计要求
3	个别吊杆有钢丝锈蚀、损坏现象,无断裂现象
4	部分吊杆钢丝锈蚀或损坏较严重,个别有断裂现象
5	部分吊杆钢丝严重锈蚀、断裂或损坏,或造成梁体严重变形

6.3.4 系杆及防护板评定指标及分级评定标准:

1 锈蚀(锚头、防护罩、钢箱)评定标准见表 6.3.4-1。

2 系杆外部涂层脱落评定标准见表 6.3.4-2。

3 系杆连接松动评定标准见表 6.3.4-3。

4 锚头、防护套损坏评定标准见表 6.3.4-4。

5 断丝评定标准见表 6.3.4-5。

6 混凝土裂缝(混凝土防护板、系杆锚固区等)评定标准见表 6.3.4-6。

7 蜂窝、麻面评定标准见表 5.1.1-1。

8 剥落、掉角评定标准见表 5.1.1-2。

9 空洞、孔洞评定标准见表 5.1.1-3。

表 6.3.4-1 锈　蚀

标度	评定标准
	定性描述
1	完好
2	防锈油脂轻微渗漏,但没有继续渗漏迹象,或表面有少量油脂和污垢,但没有附着不牢的氧化皮、铁锈和油漆层
3	防锈油脂渗漏,渗漏数量较多,或渗漏速度较快;表面发生锈蚀,氧化皮或油漆层因锈蚀而部分剥落或者可以刮除
4	防锈油脂基本已经漏完,失去效用;表面有严重点蚀现象,氧化皮或油漆层因锈蚀而全面剥离,影响构件安全

表 6.3.4-2　系杆外部涂层脱落

标度	评定标准	
	定性描述	定量描述
1	完好	—
2	油漆变色、轻微损坏、裂纹、起皮或剥落	累计失效面积≤构件面积的10%
3	较大范围涂层有损坏、裂纹、起皮或剥落	累计失效面积＞构件面积的10%且≤构件面积的20%
4	大范围涂层有损坏、裂纹、起皮或剥落	累计失效面积＞构件面积的20%

表 6.3.4-3　系杆连接松动

标度	评定标准
	定性描述
1	完好
2	—
3	系杆连接处明显轻微松动,但不影响使用功能
4	系杆连接处明显松动,存在安全隐患

表 6.3.4-4　锚头、防护套损坏

标度	评定标准
	定性描述
1	完好
2	个别防护套轻微老化或破损
3	个别防护套老化、破损、裂纹;锚头存在老化、破损、裂纹现象
4	部分防护套老化、破损、裂纹或积水,造成局部渗水或锈蚀;锚头存在老化、破损、裂纹现象,造成局部渗水或锈蚀

表 6.3.4-5　断　　丝

标度	评定标准
	定性描述
1	完好
2	极个别吊杆钢丝有少量锈蚀现象,无断裂情况
3	个别吊杆钢丝有锈蚀、损坏现象,无断裂现象
4	部分吊杆钢丝有疲劳、锈蚀现象,个别有断裂,已经不满足设计要求
5	部分吊杆钢丝严重锈蚀、断裂或损坏,梁体出现严重变形,造成安全隐患

表6.3.4-6 混凝土裂缝

标度	评定标准	
	定性描述	定量描述
1	完好	—
2	局部出现网状裂纹，或混凝土构件出现少量细裂缝或环形细裂缝，缝宽未超限	网状裂纹累计面积≤构件面积的20%，单处面积≤1.0m²，或混凝土构件裂缝缝长≤截面尺寸的1/3，间距>30cm
3	大面积出现网状裂纹，或混凝土构件出现较多细裂缝或环形细裂缝，缝宽未超限	网状裂纹累计面积>构件面积的20%，单处面积>1.0m²，或混凝土构件裂缝缝长>截面尺寸的1/3且≤截面尺寸的1/2，间距<30cm
4	混凝土构件有大量细裂缝或环形裂缝，重点部位缝宽超限	缝长>截面尺寸的1/2，间距<20cm

6.3.5 桥面板(梁)评定指标及分级评定标准依照梁式桥上部结构构件相关规定。

6.4 钢拱桥

6.4.1 钢拱桥评定指标及分级评定标准：
1 涂层劣化评定标准见表5.2.1-1。
2 锈蚀评定标准见表5.2.1-2。
3 焊缝开裂评定标准见表5.2.1-3。
4 铆钉(螺栓)损失评定标准见表5.2.1-4。
5 构件裂缝评定标准见表5.2.1-5。
6 跨中挠度评定标准见表5.2.1-6。
7 构件变形评定标准见表5.2.1-7。
8 结构变位评定标准见表5.2.1-8。
9 拱脚位移评定标准见表6.4.1-1。

表6.4.1-1 拱脚位移

标度	评定标准
	定性描述
1	完好
2	—
3	—
4	拱脚出现滑动、位移，导致桥面线形或拱线形异常
5	拱脚不稳定，出现严重错台、滑动、位移现象，造成拱顶挠度大于限值或拱圈严重变形，桥面线形或拱线形明显异常

7 悬索桥主要构件技术状况评定

7.1 主缆

7.1.1 主缆评定指标及分级评定标准：
1 主缆防护损坏评定标准见表7.1.1-1。
2 主缆线形评定标准见表7.1.1-2。
3 扶手绳及栏杆绳损坏评定标准见表7.1.1-3。
4 主缆腐蚀或索股损坏(脱皮、锈蚀、伤痕)评定标准见表7.1.1-4。
5 涂膜劣化评定标准见表7.1.1-5。

表 7.1.1-1 主缆防护损坏

标度	评定标准	
	定性描述	定量描述
1	完好	—
2	主缆防护表面有局部面漆变色起皮,个别位置出现破损、老化、漏水	面漆变色起皮面积≤3%,或防护破损面积≤1%
3	主缆表面面漆有部分损坏、裂纹、变色起皮或剥落;局部位置出现破损、老化、漏水	防护破损面积>1%且≤10%
3	或极少的部位缠丝外露,且没有生锈	缠丝外露数量≤3%
4	主缆表面较大范围面漆有轻微损坏、裂纹、变色起皮或剥落;局部位置出现破损、老化、漏水	防护破损面积>10%
4	或局部缠丝外露并伴有生锈	缠丝外露数量>3%

表 7.1.1-2 主缆线形

标度	评定标准
	定性描述
1	主缆线形完好
2	主缆线形正常
3	主缆变形,但小于设计允许值
4	主缆变形较大,不可恢复的变化小于或等于设计允许值
5	主缆变形较为严重,不可恢复的变化大于设计允许值

表 7.1.1-3　扶手绳及栏杆绳损坏

标度	评定标准	
	定性描述	定量描述
1	完好	—
2	检修道上扶手绳及栏杆绳有伤痕并有起丝现象	—
3	扶手绳、栏杆绳出现多处伤痕	截面损失>30%
4	扶手绳或栏杆绳有断裂现象	—

表 7.1.1-4　主缆腐蚀或索股损坏

标度	评定标准
	定性描述
1	完好
2	主缆局部出现轻微脱皮、锈蚀、伤痕或有麻点,或镀锌钢丝出现少量锌腐蚀亮斑,失去光泽
3	主缆出现少量脱皮、伤痕或轻度至中度腐蚀,缠丝层有较多麻坑,或镀锌钢丝出现较多锌腐蚀,并有白色腐蚀产物,尚未见铁腐蚀
4	主缆出现较多脱皮、伤痕或密布的中等大小腐坑,缠丝层有大量的麻坑,或镀锌钢丝锌层减少,出现铁腐蚀斑点和腐坑
5	主缆缠丝防锈层已经严重腐蚀、断丝,或出现严重脱皮、伤痕、断丝,或镀锌钢丝严重腐蚀、断丝

表 7.1.1-5　涂膜劣化

标度	评定标准	
	定性描述	定量描述
1	完好	—
2	构件表面出现轻微起泡、裂纹、脱落现象,或构件表面出现轻微粉化现象	起泡、裂纹、脱落、粉化累计面积≤构件面积的10%
3	构件表面出现中等起泡、裂纹、脱落现象,或构件表面出现中等粉化或锈蚀现象	起泡、裂纹、脱落、粉化、锈蚀累计面积>构件面积的10%且≤构件面积的20%
4	构件表面出现较严重起泡、裂纹、脱落现象,或构件表面出现较严重粉化或锈蚀现象,轻轻擦抹涂层,粘有大量颜料粒子其至出现漏底	起泡、裂纹、脱落粉化、锈蚀累计面积>构件面积的20%

7.2 索夹

7.2.1 索夹评定指标及分级评定标准:
1　错位、滑移评定标准见表 7.2.1-1。
2　面漆起皮评定标准见表 7.2.1-2。
3　索夹密封填料损坏评定标准见表 7.2.1-3。

4 裂纹和锈蚀评定标准见表 7.2.1-4。

表 7.2.1-1 错位、滑移

标度	评定标准	
	定性描述	定量描述
1	无移动	—
2	—	—
3	个别索夹有错位、移动	滑移量≤10mm
4	较多索夹有明显错位、滑动现象；个别索夹位移超限	滑移量>10mm

表 7.2.1-2 面漆起皮

标度	评定标准	
	定性描述	定量描述
1	完好	—
2	索夹面漆局部起皮	索夹起皮的数量≤总数量的5%
3	索夹面漆局部起皮，并伴有锈蚀	索夹起皮的数量>总数量的5%且≤总数量的20%
4	索夹面漆起皮，锈蚀严重	索夹起皮、锈蚀的数量>总数量的20%

表 7.2.1-3 索夹密封填料损坏

标度	评定标准	
	定性描述	定量描述
1	完好	—
2	索夹填料局部轻微老化，表面有脏污	数量≤总数量的3%
3	索夹填料老化，局部有开裂剥落，部分发生变形	数量>总数量的3%且≤总数量的10%
4	索夹填料老化、局部有开裂剥落	数量>总数量的10%

表 7.2.1-4 裂纹和锈蚀

标度	评定标准
	定性描述
1	完好
2	索夹个别部位出现明显轻微裂纹，或表面有少量点蚀、锈斑
3	大量索夹外观有较多明显裂缝，或表面普遍有点蚀、锈斑或锈坑
4	大量夹壁开裂，索夹眼板开裂，索夹严重锈蚀

7.3 吊索

7.3.1 吊索评定指标及分级评定标准：
1 渗水（吊索两端的锚固部位、冷铸锚头、横梁锚固构造、吊索套管、减振器等）评定标准见表 7.3.1-1。

2 锈蚀、腐蚀(钢丝、锚头、螺栓、钢管护套等)评定标准见表 7.3.1-2。

3 锚头损坏(松动、裂缝或破损)评定标准见表 7.3.1-3。

4 橡胶老化变质(吊索端部及减振器)评定标准见表 7.3.1-4。

5 掉漆、起皮评定标准见表 7.3.1-5。

6 防护套破坏评定标准见表 7.3.1-6。

7 吊索的防护层破坏(裂纹、破损、老化和积水)评定标准见表 7.3.1-7。

8 钢丝断丝评定标准见表 7.3.1-8。

表 7.3.1-1 渗 水

标度	评 定 标 准
	定 性 描 述
1	完好
2	有轻微渗水现象
3	个别构件防水渗透装置损坏,明显渗水,构件有锈蚀现象
4	较多构件防水渗透装置损坏,多处构件明显渗水,构件渗水处伴有较严重锈蚀现象

表 7.3.1-2 锈 蚀

标度	评 定 标 准	
	定性描述	定量描述
1	完好	—
2	表面有少量油脂和污垢,没有附着不牢的氧化皮、铁锈和油漆层,或表面有少量点蚀、锈斑,或镀锌钢丝出现锌腐蚀亮斑	—
3	表面普遍有点蚀、锈斑、锈坑,或氧化皮、油漆层因锈蚀而部分剥落或者可以刮除,或钢丝发生较严重锈蚀,或镀锌钢丝锌层出现铁腐蚀斑点和腐坑	锈蚀面积≤构件面积5%,或构件表面锈蚀孔洞≤2个
4	表面普遍有点蚀现象,氧化皮或油漆层因锈蚀而全面剥离,或钢丝发生较严重锈蚀并有部分断裂,或镀锌钢丝严重腐蚀有开裂现象	锈蚀面积>构件面积5%,或构件表面锈蚀孔洞>2个

表 7.3.1-3 锚 头 损 坏

标度	评 定 标 准
	定 性 描 述
1	完好
2	个别锚头轻微破损
3	个别锚头破损、松动
4	较多锚头破损、松动或裂缝,个别冷铸锚头破损严重或裂缝超限,严重影响构件安全

表 7.3.1-4 橡胶老化变质

标度	评定标准
	定性描述
1	完好
2	吊索端部及减振器部位橡胶轻微老化,表面有脏污;或减振措施极个别处表面轻微损坏
3	吊索端部及减振器部位橡胶老化变形;或减振措施个别处出现松动或损坏
4	吊索端部及减振器部位橡胶老化变形,并有破裂现象,局部还造成渗水;或减振措施出现较多处损坏,失去效用

表 7.3.1-5 掉漆、起皮

标度	评定标准	
	定性描述	定量描述
1	完好	—
2	吊索表面局部面漆变色、起泡	累计面积≤构件面积的5%
3	吊索表面较大范围面漆轻微起皮、起泡或剥落	累计面积>构件面积的5%且≤构件面积的15%
4	吊索表面较大范围面漆起皮、起泡或剥落	累计面积>构件面积的15%

表 7.3.1-6 防护套破坏

标度	评定标准
	定性描述
1	完好
2	个别防护套及连接处轻微松动
3	部分防护套以及连接处松动或套管顶没有密封
4	较多防护套以及连接处松动或套管顶没有密封,局部造成渗水

表 7.3.1-7 吊索的防护层破坏

标度	评定标准
	定性描述
1	完好
2	个别吊索防护层轻微老化或破损
3	个别吊索防护层老化、破损、裂纹
4	吊索防护层老化、破损、裂纹或积水,造成局部渗水或锈蚀并伴有钢丝严重锈蚀现象

表 7.3.1-8 钢丝断丝

标度	评定标准
	定性描述
1	完好
2	
3	钢丝少量锈蚀,无断丝
4	钢丝锈蚀,防腐层有大量麻坑,甚至出现断丝
5	吊索钢丝大量严重锈蚀或损坏,钢丝断裂,甚至主梁出现变形,造成安全隐患

7.4 加劲梁

7.4.1 预应力混凝土加劲梁评定指标及分级评定标准：
    1 剥落、露筋评定标准见表7.4.1-1。
    2 跨中挠度评定标准见表7.4.1-2。
    3 构件变形评定标准见表7.4.1-3。
    4 混凝土裂缝评定标准见表7.4.1-4。
    5 蜂窝、麻面评定标准见表5.1.1-1。
    6 剥落、掉角评定标准见表5.1.1-2。
    7 空洞、孔洞评定标准见表5.1.1-3。
    8 混凝土保护层厚度评定标准见表5.1.1-4。
    9 钢筋锈蚀评定标准见表5.1.1-5。
    10 混凝土碳化评定标准见表5.1.1-6。

表7.4.1-1 剥落、露筋

标度	评定标准	
	定性描述	定量描述
1	完好	—
2	局部混凝土剥落或露筋	累计面积≤构件面积的3%，单处面积≤0.5m²
3	较大范围混凝土剥落或露筋	累计面积＞构件面积的3%且≤构件面积的10%，单处面积≤0.5m²
4	大范围混凝土剥落或露筋	累计面积＞构件面积的10%，单处面积＞0.5m²

表7.4.1-2 跨中挠度

标度	评定标准	
	定性描述	定量描述
1	完好	—
2	—	—
3	挠度未大于限值	跨中最大挠度＜计算跨径的1/800
4	挠度接近限值，主梁有明显变形，影响结构安全	跨中最大挠度≥计算跨径的1/800且≤计算跨径的1/500
5	主梁严重变形，挠度大于限值，梁板出现严重病害，有不正常移动并影响结构安全	跨中最大挠度＞计算跨径的1/500

表7.4.1-3 构件变形

标度	评定标准
	定性描述
1	完好
2	—
3	加劲梁横隔板等次要构件出现弯曲变形
4	加劲梁出现异常弯曲变形或线形明显变化，行车振动或摇晃明显或有异常音
5	加劲梁出现严重变形，导致梁板出现严重病害，显著影响承载力，结构振动或摇晃显著，有不正常移动

表 7.4.1-4　混凝土裂缝

标度	评定标准	
	定性描述	定量描述
1	完好,无裂缝	—
2	网状裂缝:局部网状开裂	网状裂缝:累计面积≤构件面积的20%,单处面积≤0.5m²
	竖向裂缝:少量裂缝,缝宽未超限	竖向裂缝:缝长≤截面尺寸的1/3
	纵向裂缝:结合面开裂或有其他纵向裂缝	纵向裂缝:缝长≤结合面长度或跨长的1/8
	斜裂缝:少量裂缝,缝宽未超限	斜裂缝:缝长≤截面尺寸的1/3
3	网状裂缝:局部网状开裂	网状裂缝:累计面积>构件面积的20%,单处面积>0.5m²
	竖向裂缝:较多裂缝,缝宽未超限	竖向裂缝:缝长>截面尺寸的1/3且≤截面尺寸的1/2,间距≥30cm
	纵向裂缝:结合面开裂或有纵向裂缝	纵向裂缝:缝长>结合面长度或跨长的1/8且≤结合面长度或跨长的1/2
	斜裂缝:较多裂缝,缝宽未超限	斜裂缝:缝长>截面尺寸的1/3且≤截面尺寸的2/3
4	竖向裂缝:主梁控制截面出现大量裂缝,缝宽超限	竖向裂缝:缝长>截面尺寸的1/2,缝宽>限值,间距<30cm
	纵向裂缝:存在严重结合面开裂现象或有大量纵向裂缝	纵向裂缝:缝长>结合面长或跨长的1/2
	斜裂缝:主梁控制截面出现大量裂缝,缝宽超限值	斜裂缝:缝长>截面尺寸的2/3,缝宽>限值
5	竖向裂缝:主梁控制截面出现大量裂缝,裂缝大多贯通且缝宽超限,主梁出现严重变形	竖向裂缝:缝长>截面尺寸的1/2,缝宽>1.0mm,间距<10cm
	斜裂缝:主梁控制截面出现大量裂缝且缝宽超限,主梁出现严重变形	斜裂缝:缝长>截面尺寸的2/3,缝宽>1.0mm

7.4.2 钢桁架加劲梁评定指标及分级评定标准：

1　构件变形评定标准见表 7.4.2-1。
2　锈蚀评定标准见表 7.4.2-2。
3　跨中挠度评定标准见表 7.4.2-3。
4　裂缝评定标准见表 7.4.2-4。
5　涂层劣化评定标准见表 5.2.1-1。
6　焊缝开裂评定标准见表 5.2.1-3。
7　铆钉(螺栓)损失评定标准见表 5.2.1-4。
8　结构变位评定标准见表 5.2.1-8。

表 7.4.2-1 构 件 变 形

标度	评定标准	
	定性描述	定量描述
1	完好	—
2	—	—
3	构件轻微变形	压力杆件弯曲矢度≤杆件自由长度的1/1 500，或拉力杆件弯曲矢度≤杆件自由长度的1/800，或腹杆、连接杆件弯曲矢度≤杆件自由长度的1/500
4	构件明显变形	压力杆件弯曲矢度>杆件自由长度的1/1 500且≤杆件自由长度的1/1 000，或拉力杆件弯曲矢度>杆件自由长度的1/800且≤杆件自由长度的1/500，或腹杆、连接杆件弯曲矢度>杆件自由长度的1/500且≤杆件自由长度的1/300
5	构件严重变形，存在失稳现象，结构振动或摇晃显著	压力杆件弯曲矢度>杆件自由长度的1/1 000，或拉力杆件弯曲矢度>杆件自由长度的1/500，或腹杆、连接杆件弯曲矢度>杆件自由长度的1/300

表 7.4.2-2 锈 蚀

标度	评定标准	
	定性描述	定量描述
1	完好	—
2	构件表面少量锈蚀，部分氧化皮或油漆层剥落	锈蚀累计面积≤构件面积的3%
3	构件表面有大量点蚀现象，氧化皮或油漆层因锈蚀而部分剥落或者可以刮除	锈蚀累计面积>构件面积的3%且≤构件面积的5%，或锈蚀孔洞≤2个，孔洞直径≤30mm且≤杆件宽度的15%
4	构件表面有严重点蚀现象，氧化皮或油漆层因锈蚀而全面剥离，较多部位被锈蚀成洞，影响结构安全	锈蚀累计面积>构件面积的5%，或锈蚀孔洞>2个，孔洞直径>30mm且>杆件宽度的15%

表 7.4.2-3 跨中挠度

标度	评定标准	
	定性描述	定量描述
1	完好	—
2	—	—
3	挠度未大于限值	跨中最大挠度≤计算跨径的1/1 200
4	挠度接近限值	跨中最大挠度>计算跨径的1/1 200且≤计算跨径的1/800
5	主梁严重变形，挠度超出限值，有不正常移动，影响结构安全	跨中最大挠度>计算跨径的1/800

表 7.4.2-4　裂　　缝

标度	评定标准	
	定性描述	定量描述
1	完好	—
2	钢构件出现极少量细小裂纹	—
3	钢构件出现较多细小裂缝,截面削弱	受拉翼缘焊接盖板端部裂缝长度≤10mm,或桁梁端横梁与纵梁连接处下端处裂缝长度≤20mm,或主桁腹杆铆接、栓接头处裂缝长度≤20mm
4	钢构件出现较多裂缝,截面削弱	受拉翼缘焊接盖板端部裂缝长度>10mm且≤20mm,或桁梁端横梁与纵梁连接处下端处裂缝长度>20mm且≤50mm,或主桁腹杆铆接、栓接头处裂缝长度>20mm且≤50mm
5	钢构件严重裂缝,主梁变形,造成严重安全隐患	受拉翼缘焊接盖板端部裂缝长度>20mm,或桁梁端横梁与纵梁连接处下端处裂缝长度>50mm,或主桁腹杆铆接、栓接头处裂缝长度>50mm

7.4.3 钢箱加劲梁评定指标及分级评定标准：

1 构件变形评定标准见表 7.4.3-1。
2 锈蚀评定标准见表 7.4.3-2。
3 跨中挠度评定标准见表 7.4.3-3。
4 裂缝评定标准见表 7.4.3-4。
5 涂层劣化评定标准见表 5.2.1-1。
6 焊缝开裂评定标准见表 5.2.1-3。
7 铆钉(螺栓)损失评定标准见表 5.2.1-4。
8 结构变位评定标准见表 5.2.1-8。

表 7.4.3-1　构 件 变 形

标度	评定标准	
	定性描述	定量描述
1	完好	—
2	—	—
3	钢构件轻微变形	钢材料构件竖向弯曲矢度≤跨度的1/1 500,或钢材料纵梁、横梁横向弯曲矢度≤杆件自由长度的1/8 000
4	钢构件明显变形	钢材料构件竖向弯曲矢度>跨度的1/1 500且≤跨度的1/1 000,或钢材料纵梁、横梁横向弯曲矢度>杆件自由长度的1/8 000且≤杆件自由长度的1/5 000
5	钢构件严重变形,结构振动或摇晃显著,有不正常移动	钢材料构件竖向弯曲矢度>跨度的1/1 000,或钢材料纵梁、横梁横向弯曲矢度>杆件自由长度的1/5 000

表7.4.3-2 锈　　蚀

标度	评 定 标 准	
	定性描述	定量描述
1	完好	—
2	构件表面锈蚀,且部分氧化皮或油漆层剥落	锈蚀累计面积≤构件面积的2%
3	构件表面有较多点蚀现象,氧化皮或油漆层因锈蚀而部分剥落或者可以刮除,出现锈蚀成洞现象	锈蚀累计面积>构件面积的2%且≤构件面积的5%,或锈蚀孔洞≤2个,孔洞直径≤30mm,边缘完好,或腹板、横隔板洞孔直径≤50mm
4	构件表面有严重的点蚀现象,氧化皮或油漆层因锈蚀而全面剥离,较多部位被锈蚀成洞,影响构件安全	锈蚀累计面积>构件面积的5%,或锈蚀孔洞>2个,孔洞直径>30mm,或腹板、横隔板孔洞直径>50mm

表7.4.3-3 跨中挠度

标度	评 定 标 准	
	定性描述	定量描述
1	完好	—
2	—	—
3	跨中挠度未大于限值	跨中最大挠度≤计算跨径的1/600
4	跨中挠度大于限值	跨中最大挠度>计算跨径的1/600且≤计算跨径的1/400
5	跨中挠度大于限值,主梁严重变形,梁体出现严重病害,有不正常移动并影响结构安全	跨中最大挠度>计算跨径的1/400

表7.4.3-4 裂　　缝

标度	评 定 标 准	
	定性描述	定量描述
1	完好	—
2	钢构件出现极少量细小裂纹	—
3	钢构件出现较多细小裂缝,截面削弱	加劲梁、纵横梁受拉翼缘边裂缝长度≤3mm,或受拉翼缘焊接盖板端部裂缝长度≤10mm
4	钢构件出现较多裂缝,截面削弱	加劲梁、纵横梁受拉翼缘边裂缝长度>3mm且≤5mm,或受拉翼缘焊接盖板端部裂缝长度>10mm且≤20mm
5	钢构件严重裂缝,主梁变形,截面削弱,造成严重安全隐患	加劲梁、纵横梁受拉翼缘边裂缝长度>5mm,或受拉翼缘焊接盖板端部裂缝长度>20mm

7.5 索塔

7.5.1 索塔评定指标及分级评定标准：
1 倾斜变形评定标准见表7.5.1-1。
2 蜂窝、麻面评定标准见表7.5.1-2。

3 剥落、露筋评定标准见表7.5.1-3。
4 钢筋锈蚀评定标准见表7.5.1-4。
5 混凝土裂缝评定标准见表7.5.1-5。
6 沉降评定标准见表7.5.1-6。
7 基础冲刷评定标准见表7.5.1-7。

表7.5.1-1 倾斜变形

标度	评定标准
	定性描述
1	完好
2	—
3	有倾斜变形现象或存在扭转现象,但较轻微,不影响结构安全
4	有较大倾斜变形或存在明显扭转,造成安全隐患
5	索塔出现严重倾斜变形,塔根明显裂缝,塔顶偏移超过限值,严重影响结构安全

表7.5.1-2 蜂窝、麻面

标度	评定标准	
	定性描述	定量描述
1	完好	—
2	局部蜂窝麻面	累计面积≤构件面积的20%,单处面积≤3.0m²
3	大面积蜂窝麻面	累计面积>构件面积的20%,单处面积>3.0m²

表7.5.1-3 剥落、露筋

标度	评定标准	
	定性描述	定量描述
1	完好	—
2	局部混凝土剥落或露筋	累计面积≤构件面积的3%,单处面积≤0.5m²
3	较大范围混凝土剥落或露筋	累计面积>构件面积的3%且≤构件面积的10%,单处面积>0.5m²
4	大范围混凝土剥落或露筋	累计面积>构件面积的10%,单处面积>0.5m²

表7.5.1-4 钢筋锈蚀

标度	评定标准	
	定性描述	定量描述
1	完好,无锈蚀现象	钢筋锈蚀电位水平≤0mV且≥-200mV; 或电阻率>20 000Ω·cm
2	有锈蚀现象,混凝土表面有沿钢筋的裂缝或混凝土表面有锈迹	钢筋锈蚀电位水平<-200mV且≥-400mV; 或电阻率≥10 000Ω·cm且≤20 000Ω·cm
3	钢筋锈蚀,主筋锈蚀或混凝土表面保护层剥落	钢筋锈蚀电位水平<-400mV且≥-500mV; 或电阻率≥5 000Ω·cm且<10 000Ω·cm
4	钢筋严重锈蚀,混凝土表面开裂严重	钢筋锈蚀电位水平为<-500mV; 或电阻率<5 000Ω·cm

表 7.5.1-5 混凝土裂缝

标度	评定标准	
	定性描述	定量描述
1	完好,无裂缝	—
2	网状裂缝:局部网状裂缝	网状裂缝:累计面积≤构件面积的20%,单处面积≤1.0m²
	其他裂缝:有少量裂缝,缝宽未超限	其他裂缝:缝长≤截面尺寸的1/3
3	网状裂缝:局部网状裂缝	网状裂缝:累计面积>构件面积的20%,单处面积>1.0m²
	其他裂缝:有大量裂缝,缝宽未超限	其他裂缝:缝长>截面尺寸的1/3且≤截面尺寸的2/3,间距≥20cm
4	有大量裂缝,裂缝缝宽超限	缝宽>限值,缝长>截面尺寸的2/3,间距<20cm

表 7.5.1-6 沉 降

标度	评定标准
	定性描述
1	完好
2	索塔有轻微沉降,但沉降稳定
3	索塔有小幅度沉降,但沉降稳定
4	索塔沉降较大,但沉降稳定
5	索塔或索塔基础出现严重不均匀沉降或位移,影响结构安全

表 7.5.1-7 基 础 冲 刷

标度	评定标准
	定性描述
1	完好
2	基础基本无局部冲刷现象
3	基础出现局部冲刷现象,程度较轻
4	基础出现较严重局部冲刷现象
5	基础出现严重局部冲刷现象,基础不稳定,出现严重滑动、下沉、位移、倾斜等现象

7.6 索鞍

7.6.1 索鞍评定指标及分级评定标准:

1 上座板与下座板的相对位移评定标准见表7.6.1-1。
2 鞍座螺杆、锚栓状况评定标准见表7.6.1-2。

3 锈蚀评定标准见表7.6.1-3。

表7.6.1-1 上座板与下座板的相对位移

标度	评定标准
	定性描述
1	完好
2	—
3	—
4	上座板与下座板有相对位移

表7.6.1-2 鞍座螺杆、锚栓状况

标度	评定标准
	定性描述
1	完好
2	个别螺杆、锚栓连接出现松动
3	少部分螺杆、锚栓连接出现松动
4	较多数量的螺杆、锚栓连接松动,个别螺杆、锚栓连接脱落

表7.6.1-3 锈蚀

标度	评定标准	
	定性描述	定量描述
1	完好	—
2	构件表面有轻微锈蚀,但无可见油脂和污垢,且没有附着不牢的氧化皮、铁锈和油漆层	锈蚀面积≤构件面积的3%
3	构件表面锈蚀,且部分氧化皮或油漆层剥落	锈蚀面积>构件面积的3%且≤构件面积的5%
4	构件表面有大量点蚀现象,氧化皮或油漆层因锈蚀而部分剥落或者可以刮除	锈蚀面积>构件面积的5%

7.7 锚碇

7.7.1 悬索桥锚碇评定指标及分级评定标准:

1 锚坑漏水评定标准见表7.7.1-1。
2 顶板、侧墙损坏评定标准见表7.7.1-2。
3 锚碇均匀沉降评定标准见表7.7.1-3。
4 表观病害评定标准见表7.7.1-4。
5 水平位移评定标准见表7.7.1-5。

表7.7.1-1 锚坑漏水

标度	评定标准
	定性描述
1	锚坑内无渗漏水现象
2	锚坑有明显渗漏水现象
3	锚坑漏水较严重,伴有锈蚀现象
4	锚坑渗漏水严重,多处锈蚀

表7.7.1-2 顶板、侧墙损坏

标度	评定标准
	定性描述
1	顶板、侧墙表面状况完好
2	顶板、侧墙有局部麻面沉积物
3	顶板、侧墙出现锈迹、蜂窝、渗出物,伴有细微裂缝
4	顶板及侧墙出现大面积锈迹,混凝土剥落,钢筋外露锈蚀,有较大裂缝

表7.7.1-3 锚碇均匀沉降

标度	评定标准	
	定性描述	定量描述
1	锚碇无沉降	—
2	—	—
3	锚碇有轻微沉降	沉降≤10mm
4	锚碇沉降较严重	沉降>10mm且≤50mm
5	锚碇沉降严重	沉降>50mm

表7.7.1-4 表观病害

标度	评定标准
	定性描述
1	完好
2	—
3	锚碇个别部位出现明显表观病害如裂缝、剥落、露筋、钢筋锈蚀、空洞等
4	锚碇外观有较多表观病害且情况严重,如裂缝、剥落、露筋、钢筋锈蚀、空洞等,不符合相关规范要求

表7.7.1-5 水平位移

标度	评定标准
	定性描述
1	完好
2	—
3	—
4	—
5	有水平位移

7.8 锚杆

7.8.1 锚杆评定指标及分级评定标准：
1 掉皮评定标准见表 7.8.1-1。
2 锈蚀评定标准见表 7.8.1-2。
3 裂纹评定标准见表 7.8.1-3。

表 7.8.1-1 掉 皮

标度	评定标准	
	定性描述	定量描述
1	完好	—
2	较小范围涂层有轻微损坏、裂纹、起皮或剥落	累计面积≤构件面积的10%，单处面积≤0.5m²
3	较大范围涂层有轻微损坏、裂纹、起皮或剥落	累计面积>构件面积的10%且≤构件面积的20%，单处面积>0.5m²且≤1.0m²
4	大范围涂层有轻微损坏、裂纹、起皮或剥落	累计面积>构件面积的20%，单处面积>1.0m²

表 7.8.1-2 锈 蚀

标度	评定标准	
	定性描述	定量描述
1	完好	—
2	构件表面有轻微锈蚀，但无可见油脂和污垢，且没有附着不牢的氧化皮、铁锈和油漆层	锈蚀面积≤构件面积的5%
3	构件表面锈蚀，且部分氧化皮或油漆层剥落，个别有明显变位	锈蚀面积>构件面积的5%且≤构件面积的10%
4	构件严重锈蚀，个别板件锈穿极易撕裂，氧化皮或油漆层因锈蚀而部分剥落或者可以刮除	锈蚀面积>构件面积的10%

表 7.8.1-3 裂 纹

标度	评定标准
	定性描述
1	完好
2	锚杆存在轻微裂纹，但符合相关规范要求
3	锚杆有较多裂纹，不符合相关规范要求，局部有锈蚀现象
4	锚杆外观有大量裂纹，个别部位裂纹超限，不符合相关规范要求，锈蚀现象严重，严重影响结构安全

8 斜拉桥主要构件技术状况评定

8.1 斜拉索

8.1.1 斜拉索评定指标及分级评定标准：
1. 拉索锈蚀、断丝评定标准见表8.1.1-1。
2. 滑移变位评定标准见表8.1.1-2。
3. 涂层损坏评定标准见表8.1.1-3。
4. 护套内的材料老化变质评定标准见表8.1.1-4。
5. 锚固区损坏评定标准见表8.1.1-5。
6. 拉索线形异常评定标准见表8.1.1-6。

表8.1.1-1 拉索锈蚀、断丝

标度	评定标准
	定性描述
1	完好
2	钢丝有极少量锈蚀
3	钢丝少量锈蚀，钢丝无断裂
4	钢丝较多锈蚀或损坏，钢丝断裂，截面出现削弱
5	钢索裸露，钢丝大量严重锈蚀或损坏，钢丝断裂，主梁出现严重变形，造成安全隐患

表8.1.1-2 滑移变位

标度	评定标准
	定性描述
1	完好
2	—
3	—
4	斜拉索出现异常位移变形，且无法复位
5	斜拉索异常位移变形过大，导致桥面线形、纵向位移伸缩量出现显著异常，结构振动或摇晃显著，影响结构安全

表 8.1.1-3　涂层损坏

标度	评定标准	
	定性描述	定量描述
1	完好	—
2	涂层有轻微损坏、裂纹、起皮或剥落	累计面积≤构件面积的10%，单处面积≤0.5m²
3	较大范围涂层有损坏、裂纹、起皮、剥落	累计面积>构件面积的10%且≤构件面积的20%，单处面积≤1.0m²
4	大范围涂层有损坏、裂纹、起皮或剥落	累计面积>构件面积的20%，单处面积>1.0m²

表 8.1.1-4　护套内的材料老化变质

标度	评定标准
	定性描述
1	完好
2	护套内的材料轻微老化，表面有脏污
3	护套内的材料老化变形
4	护套内的材料老化变形，并有破裂现象，局部还造成渗水

表 8.1.1-5　锚固区损坏

标度	评定标准
	定性描述
1	完好
2	个别锚头或锚拉板出现轻微破损
3	个别锚头出现破损、松动或出现不密封现象，但未造成拉索锈蚀，个别锚拉板出现疲劳损伤状况
4	较多锚头或锚拉板出现破损、松动或裂缝，锚头锈蚀，锚固区有明显的受力裂缝
5	较多锚头或锚拉板出现严重破损、松动、裂缝，锚头积水锈蚀严重，锚固区有明显的受力裂缝，且缝宽>0.2mm

表 8.1.1-6　拉索线形异常

标度	评定标准
	定性描述
1	完好
2	—
3	—
4	拉索线形出现明显异常或有异常声音
5	拉索线形出现显著异常，桥面线形出现显著异常，结构振动摇晃明显，主梁出现严重变形

8.2　斜拉索护套

8.2.1　斜拉索护套评定指标及分级评定标准：
1　漆膜损坏评定标准见表8.2.1-1。

2 护套裂缝评定标准见表8.2.1-2。
3 护套锈蚀评定标准见表8.2.1-3。
4 防护层破损评定标准见表8.2.1-4。
5 护套上端浆液离析评定标准见表8.2.1-5。
6 渗水评定标准见表8.2.1-6。

表8.2.1-1 漆膜损坏

标度	评定标准	
	定性描述	定量描述
1	各部分油漆均匀平光、完整，色泽鲜明	—
2	油漆变色、轻微损坏、裂纹、起皮或剥落	累计失效面积≤构件面积的10%
3	较大范围涂层有轻微损坏、裂纹、起皮或剥落	累计失效面积>构件面积的10%且≤构件面积的20%
4	大范围涂层有轻微损坏、裂纹、起皮或剥落	累计失效面积>构件面积的20%

表8.2.1-2 护套裂缝

标度	评定标准
	定性描述
1	完好
2	PE管或金属管轻微胀裂，未造成渗水等；或热挤PE护套轻微开裂，未造成其他影响，符合相关要求
3	PE管或金属管胀裂，出现较多纵向裂缝，造成渗水，钢丝有锈迹或护套内有氧化物，钢束截面削弱，但在规范范围内；或热挤PE护套产生环状开裂或PE层断开，造成渗水，导致钢丝锈蚀，但在规范范围内
4	PE管或金属管胀裂，出现很多纵向裂缝，渗水造成钢丝锈蚀和护套内有氧化物，钢束截面削弱超出规范范围；或热挤PE护套产生严重环状开裂或PE层断开，造成渗水，导致钢丝锈蚀超出规范范围

表8.2.1-3 护套锈蚀

标度	评定标准
	定性描述
1	完好
2	护套表面发生轻微锈蚀，并且少部分氧化皮或油漆层已经剥落
3	护套表面部分发生锈蚀，并且部分氧化皮或油漆层已经剥落
4	护套表面发生锈蚀，有大量点蚀现象，氧化皮或油漆层因锈蚀而部分剥落或者可以刮除

表8.2.1-4 防护层破损

标度	评定标准
	定性描述
1	完好
2	个别防护层轻微老化或破损
3	个别防护层老化、破损、松动
4	部分防护层老化、破损、裂纹或积水，造成局部渗水或锈蚀；个别护筒甚至脱落

表 8.2.1-5　护套上端浆液离析

标度	评定标准	
	定性描述	定量描述
1	完好	—
2	—	—
3	局部离析	≤10%的浆液没有凝固
4	局部离析,浆液有流动性	>10%的浆液没有凝固

表 8.2.1-6　渗　水

标度	评定标准
	定性描述
1	完好
2	个别护套轻微渗水
3	个别护套明显渗水;个别渗水处伴有锈蚀
4	多处护套明显渗水,渗水处伴有锈蚀

8.3　主梁

8.3.1 预应力混凝土主梁评定指标及分级评定标准依照 7.4.1 悬索桥预应力混凝土加劲梁的相关规定。

8.3.2 钢桁架主梁评定指标及分级评定标准依照 7.4.2 悬索桥钢桁架加劲梁的相关规定。

8.3.3 钢箱梁主梁评定指标及分级评定标准依照 7.4.3 悬索桥钢箱加劲梁的相关规定。

8.4　索塔

8.4.1 索塔评定指标及分级评定标准:
1　倾斜变形评定标准见表 8.4.1-1。
2　裂缝评定标准见表 8.4.1-2。
3　沉降评定标准见表 8.4.1-3。
4　锚固区渗水评定标准见表 8.4.1-4。
5　蜂窝、麻面评定标准见表 7.5.1-2。
6　剥落、露筋评定标准见表 7.5.1-3。
7　钢筋锈蚀评定标准见表 7.5.1-4。

8 基础冲刷评定标准见表7.5.1-7。

表 8.4.1-1 倾斜变形

标度	评定标准
	定性描述
1	无倾斜变形
2	—
3	有倾斜变形现象或存在扭转现象,但情况较轻微,不影响结构安全
4	存在倾斜变形或存在扭转,两塔不对称变位,存在安全隐患
5	索塔出现明显倾斜,或两塔不对称变位严重,造成主梁出现严重变形,严重影响结构安全

表 8.4.1-2 裂 缝

标度	评定标准	
	定性描述	定量描述
1	完好,无裂缝	—
2	网状裂缝:局部网状裂缝	网状裂缝:累计面积≤构件面积的20%,单处面积≤1.0m²
	其他裂缝:有少量裂缝,缝宽未超限	其他裂缝:缝长≤截面尺寸的1/3
3	网状裂缝:局部网状裂缝	网状裂缝:累计面积>构件面积的20%,单处面积>1.0m²
	其他裂缝:有大量裂缝,缝宽未超限	其他裂缝:缝长>截面尺寸的1/3且≤截面尺寸的2/3,间距≥20cm
4	有大量裂缝,缝宽超限	缝宽>限值,缝长>截面尺寸的2/3,间距<20cm

表 8.4.1-3 沉 降

标度	评定标准
	定性描述
1	完好
2	—
3	索塔有小幅度沉降,但沉降稳定
4	索塔沉降较大,但沉降稳定
5	索塔沉降量异常且不稳定,或索塔基础出现严重沉降或位移

表 8.4.1-4 锚固区渗水

标度	评定标准
	定性描述
1	完好
2	锚固区有轻微渗水
3	锚固区有局部明显渗水,渗水量较大
4	锚固区多处有明显渗水,渗水量大;个别渗水处伴有晶体析出或锈蚀,流膏处混凝土松散

8.5 锚具

8.5.1 锚具评定指标及分级评定标准：
1. 锚杯积水评定标准见表8.5.1-1。
2. 锚具内潮湿评定标准见表8.5.1-2。
3. 防锈油结块评定标准见表8.5.1-3。
4. 锚具锈蚀评定标准见表8.5.1-4。

表8.5.1-1 锚杯积水

标度	评定标准
	定性描述
1	完好,锚杯无积水
2	锚杯积水较少,空气湿度较大
3	锚杯积水严重,空气湿度很大

表8.5.1-2 锚具内潮湿

标度	评定标准	
	定性描述	定量描述
1	完好,空气干燥	—
2	锚具内有少量水汽,空气较潮湿	湿度≤40%
3	锚具内水汽较多,空气潮湿,锚具锈蚀	湿度>40%且≤50%
4	锚具内空气潮湿,造成锚具严重锈蚀	湿度>50%

表8.5.1-3 防锈油结块

标度	评定标准
	定性描述
1	防锈油无结块
2	防锈油有少量结块
3	防锈油结块面积较大

表8.5.1-4 锚具锈蚀

标度	评定标准
	定性描述
1	完好
2	个别锚具轻微锈蚀
3	部分锚具锈蚀、疲劳或损坏等,个别处有少量点蚀现象,氧化皮或油漆层因锈蚀而部分剥落或者可以刮除
4	锚具锈蚀、疲劳或损坏等严重,防护普遍开裂,并大量脱落,表面普遍有点蚀现象,氧化皮或油漆层因锈蚀而全面剥离

8.6 减震装置

8.6.1 减震装置损坏评定标准见表8.6.1-1。

表8.6.1-1 减震装置损坏

标度	评定标准
	定性描述
1	完好
2	减震装置极个别处轻微损坏
3	减震装置出现较多处损坏,部分功能失效

9 桥梁下部结构构件技术状况评定

9.1 桥墩

9.1.1 墩身评定指标及分级评定标准：
1 蜂窝、麻面评定标准见表9.1.1-1。
2 剥落、露筋评定标准见表9.1.1-2。
3 空洞、孔洞评定标准见表9.1.1-3。
4 钢筋锈蚀评定标准见表9.1.1-4。
5 混凝土碳化、腐蚀评定标准见表9.1.1-5。
6 磨损评定标准见表9.1.1-6。
7 圬工砌体缺陷评定标准见表9.1.1-7。
8 位移评定标准见表9.1.1-8。
9 裂缝评定标准见表9.1.1-9。

表9.1.1-1 蜂窝、麻面

标度	评定标准	
	定性描述	定量描述
1	完好	—
2	轻微蜂窝、麻面	累计面积≤构件面积的20%，单处面积≤1.0m²
3	较多蜂窝、麻面	累计面积＞构件面积的20%，单处面积＞1.0m²

表9.1.1-2 剥落、露筋

标度	评定标准	
	定性描述	定量描述
1	完好	—
2	局部混凝土剥落、露筋	累计面积≤构件面积的3%，单处面积≤0.5m²
3	较大范围混凝土剥落、露筋	累计面积＞构件面积的3%且≤构件面积的10%，单处面积≤1.0m²
4	大范围混凝土剥落、露筋	累计面积＞构件面积的10%，单处面积＞1.0m²

表9.1.1-3 空洞、孔洞

标度	评定标准	
	定性描述	定量描述
1	完好	—
2	局部空洞、孔洞	累计面积≤构件面积的3%，单处面积≤0.5m²
3	较大范围空洞、孔洞	累计面积>构件面积的3%且≤构件面积的10%，单处面积≤0.5m²或最大深度≤25mm
4	大范围空洞、孔洞	累计面积>构件面积10%，单处面积>0.5m²或最大深度>25mm

表9.1.1-4 钢筋锈蚀

标度	评定标准
	定性描述
1	完好
2	有锈蚀现象
3	钢筋锈蚀，混凝土表面有沿主筋方向的裂缝或混凝土表面有锈迹
4	大量主筋锈蚀，混凝土表面保护层剥落，钢筋裸露，甚至出现主筋锈断现象
5	钢筋严重锈蚀，主筋锈断，混凝土表面开裂严重，出现严重滑动或倾斜等现象

表9.1.1-5 混凝土碳化、腐蚀

标度	评定标准
	定性描述
1	无碳化现象
2	有少量碳化或腐蚀现象，且所有碳化深度均小于混凝土保护层厚度
3	部分位置出现碳化现象，局部碳化深度大于混凝土保护层厚度，混凝土表面少量胶凝料松散粉化，或构件受强酸性液体或气体腐蚀，造成混凝土受到腐蚀，或钢筋出现少量锈蚀，或有冻融现象，造成混凝土出现胀裂
4	大部分位置碳化，碳化深度大于混凝土保护层厚度，混凝土表面胶凝料大量松散粉化，或构件受强酸性液体或气体腐蚀，造成混凝土腐蚀或钢筋大量锈蚀，或有冻融现象，造成混凝土严重胀裂

表9.1.1-6 磨损

标度	评定标准	
	定性描述	定量描述
1	完好	—
2	有磨损现象，个别部位表面磨耗，粗集料显露	累计面积≤构件面积的5%
3	较大范围有磨损、缩颈现象，并出现露筋或锈蚀	累计面积>构件面积的5%且≤构件面积的20%
4	大范围有磨损、缩颈现象，混凝土剥蚀，大范围出现露筋现象，裸露钢筋锈蚀	累计面积>构件面积的20%

表9.1.1-7 圬工砌体缺陷

标度	评定标准	
	定性描述	定量描述
1	完好	—
2	砌体局部出现灰缝脱落现象，或砌体局部出现破损、剥落等现象	灰缝脱落累计长度≤构件截面长度的10%，或破损、剥落累计面积≤构件面积的3%
3	砌体大范围出现灰缝脱落现象，或砌体较大范围出现破损、剥落、局部变形等现象	灰缝脱落累计长度>构件截面长度的10%，或破损、剥落、局部变形等累计面积>构件面积的3%且≤构件面积的10%
4	砌体大范围出现破损、剥落、松动、变形等现象	破损、剥落、松动、变形等累计面积>构件面积的10%

表9.1.1-8 位 移

标度	评定标准
	定性描述
1	完好
2	—
3	桥墩出现轻微下沉、倾斜滑动等，发展缓慢或趋向稳定
4	桥墩出现滑动、下沉、倾斜，变形小于或等于规范值
5	桥墩不稳定，出现严重滑动、下沉、位移、倾斜现象，造成结构和桥面变形过大，变形大于规范值或不能正常行车

注：简支梁墩台允许沉降——均匀总沉降值（不包括施工中沉降）：$2.0\sqrt{L}$ cm；相邻墩台均匀沉降差值（不包括施工中沉降）：$1.0\sqrt{L}$ cm；顶面水平位移：$0.5\sqrt{L}$ cm。L 为相邻墩台间最小跨径长度，以米计。跨径小于25m时仍以25m计。

表9.1.1-9 裂 缝

标度	评定标准	
	定性描述	定量描述
1	完好，无裂缝	—
2	网状裂缝：局部网状裂缝	网状裂缝：累计面积≤构件面积的20%，单处面积≤$1.0m^2$
2	墩身的水平裂缝：较少裂缝，缝宽未超限	墩身的水平裂缝：缝长≤墩身直径或墩身宽度的1/8
2	竖向裂缝：较少裂缝，缝宽未超限	竖向裂缝：缝长≤截面尺寸的1/5
2	不等高的墩盖梁上的竖向裂缝：较少裂缝，缝宽未超限	不等高的墩盖梁上的竖向裂缝：缝长≤截面尺寸的1/3
2	悬臂桥墩角隅处的裂缝：较少裂缝，缝宽未超限	悬臂桥墩角隅处的裂缝：缝长≤截面尺寸的1/3
2	镶面石突出的裂缝：局部开裂	镶面石突出的裂缝：累计面积≤构件面积的10%，单处面积≤$0.5m^2$

续上表

标度	评定标准	
	定性描述	定量描述
3	网状裂缝：局部网状裂缝	网状裂缝：累计面积＞构件表面积的20%，单处面积＞1.0m²
	从基础向上发展至墩身的裂缝：较多裂缝，缝宽未超限	从基础向上发展至墩身的裂缝：缝长≤截面尺寸的1/3，间距≥50cm
	墩身的水平裂缝：较多裂缝，缝宽未超限	墩身的水平裂缝：缝长＞墩身直径或墩身宽度的1/8且≤墩身直径或墩身宽度的1/2
	墩身的剪切破坏：较多裂缝，缝宽未超限	墩身的剪切破坏：缝长≤截面尺寸的1/3
	竖向裂缝：较多裂缝，缝宽未超限	竖向裂缝：缝长＞截面尺寸的1/5且≤截面尺寸的1/3，间距≥30cm
	不等高的墩盖梁上的竖向裂缝：较多裂缝，缝宽未超限	不等高的墩盖梁上的竖向裂缝：缝长＞截面尺寸的1/3且≤截面尺寸的2/3
	悬臂桥墩角隅处的裂缝：较多裂缝，缝宽未超限	悬臂桥墩角隅处的裂缝：缝长＞截面尺寸的1/3且≤截面尺寸的1/2
	镶面石突出的裂缝：局部开裂，少量裂缝宽度超限	镶面石突出的裂缝：累计面积＞构件面积的10%且≤构件面积的20%，单处面积≤1.0m²
4	从基础向上发展至墩身的裂缝：存在大量裂缝，缝宽大多超限	从基础向上发展至墩身的裂缝：缝长＞截面尺寸的1/3，间距＜50cm
	墩身的水平裂缝：存在大量裂缝，缝宽大多超限	墩身的水平裂缝：缝长＞墩身直径或墩身宽度的1/2
	墩身的剪切破坏：缝宽超限	墩身的剪切破坏：缝长＞截面尺寸的1/3
	竖向裂缝：存在大量裂缝，缝宽大多超限	竖向裂缝：缝长＞截面尺寸的1/3，间距＜30cm
	悬臂桥墩角隅处的裂缝：缝宽超限	悬臂桥墩角隅处的裂缝：缝长＞截面尺寸的1/2
	不等高的墩盖梁上的竖向裂缝：存在大量裂缝，缝宽大多超限，少部分混凝土出现剥落、露筋	不等高的墩盖梁上的竖向裂缝：缝长＞截面尺寸的2/3
	镶面石突出的裂缝：多处开裂，裂缝宽度大多超限	镶面石突出的裂缝：累计面积＞构件面积的20%
5	桥墩出现结构性裂缝，缝宽超限，裂缝有开合现象，桥墩变形失稳	—

9.1.2 盖梁和系梁评定指标及分级评定标准：

1 蜂窝、麻面评定标准见表9.1.1-1。

2 剥落、露筋评定标准见表9.1.1-2。

3 空洞、孔洞评定标准见表9.1.1-3。

4 钢筋锈蚀评定标准见表9.1.1-4。
5 混凝土碳化、腐蚀评定标准见表9.1.1-5。
6 裂缝评定标准见表9.1.2。

表9.1.2 裂　　缝

标度	评 定 标 准	
	定性描述	定量描述
1	完好,无裂缝	—
2	网状裂缝:局部网状开裂	网状裂缝:累计面积≤构件面积的20%,单处面积≤1.0m²
	墩帽顶面水平裂缝:少量裂缝,缝宽未超限	墩帽顶面水平裂缝:缝长≤截面尺寸的1/3
	由支承垫石从下向上发展的裂缝:缝宽未超限	由支承垫石从下向上发展的裂缝:缝长≤截面尺寸的1/3
	盖梁自上而下的垂直裂缝:缝宽未超限	盖梁自上而下的垂直裂缝:缝长≤截面尺寸的1/5,间距>80cm
3	网状裂缝:局部网裂	网状裂缝:累计面积>构件面积的20%,单处面积>1.0m²
	墩帽顶面水平裂缝:缝宽未超限	墩帽顶面水平裂缝:缝长>截面尺寸的1/3且≤截面尺寸的2/3,间距≥20cm
	由支承垫石从下向上发展的裂缝:缝宽未超限	由支承垫石从下向上发展的裂缝:缝长>截面尺寸的1/3且≤截面尺寸的2/3
	盖梁自上而下的垂直裂缝:缝宽未超限	盖梁自上而下的垂直裂缝:缝长>截面尺寸的1/5且≤截面尺寸的1/3,间距≥50cm
4	墩帽顶面水平裂缝:存在大量裂缝,缝宽超限	墩帽顶面水平裂缝:缝长>截面尺寸的2/3,间距<20cm
	由支承垫石从下向上发展的裂缝:存在大量裂缝,缝宽超限	由支承垫石从下向上发展的裂缝:缝长>截面尺寸的2/3
	盖梁自上而下的垂直裂缝:裂缝贯通,缝宽超限	盖梁自上而下的垂直裂缝:缝长>1/3截面尺寸,间距<50cm

9.2 桥台

9.2.1 台身评定指标及分级评定标准:

1 剥落评定标准见表9.2.1-1。
2 空洞、孔洞评定标准见表9.2.1-2。
3 磨损评定标准见表9.2.1-3。
4 混凝土碳化、腐蚀评定标准见表9.2.1-4。

5 圬工砌体缺陷评定标准见表9.2.1-5。
6 桥头跳车评定标准见表9.2.1-6。
7 台背排水状况评定标准见表9.2.1-7。
8 位移评定标准见表9.2.1-8。
9 裂缝评定标准见表9.2.1-9。

表9.2.1-1 剥 落

标度	评定标准	
	定性描述	定量描述
1	完好	—
2	局部混凝土剥落	累计面积≤构件面积的5%，单处面积≤0.5m²
3	较大范围混凝土剥落	累计面积>构件面积的5%且≤构件面积的20%，单处面积≤1.0m²
4	大范围混凝土剥落	累计面积>构件面积的20%，单处面积>1.0m²

表9.2.1-2 空洞、孔洞

标度	评定标准	
	定性描述	定量描述
1	完好	—
2	局部空洞、孔洞	累计面积≤构件面积的5%，单处面积≤0.5m²
3	较大范围空洞、孔洞	累计面积>构件面积的5%且≤构件面积的20%，单处面积≤1.0m²或深度≤25mm
4	大范围空洞、孔洞	累计面积>构件面积的20%，单处面积>1.0m²或深度>25mm

表9.2.1-3 磨 损

标度	评定标准	
	定性描述	定量描述
1	完好	—
2	出现磨损，个别部位表面磨耗，粗集料显露	累计面积≤构件面积的10%
3	大范围有磨损，粗集料显露	累计面积>构件面积的10%

表9.2.1-4 混凝土碳化、腐蚀

标度	评定标准
	定性描述
1	完好
2	有局部碳化或腐蚀现象，且所有碳化深度均小于混凝土保护层厚度
3	大部分出现碳化或腐蚀现象，局部碳化深度大于混凝土保护层厚度，混凝土表面少量胶凝料松散粉化

表 9.2.1-5 圬工砌体缺陷

标度	评定标准	
	定性描述	定量描述
1	完好	—
2	砌体局部出现灰缝脱落现象,或砌体局部出现破损、剥落等现象	灰缝脱落累计长度≤构件截面长度的10%,或破损、剥落累计面积<构件面积的3%
3	砌体大范围出现灰缝脱落现象,或砌体较大范围出现破损、剥落、局部变形等现象	灰缝脱落累计长度>构件截面长度的10%,或破损、剥落、局部变形等累计面积>构件面积的3%且≤构件面积的10%
4	砌体大范围出现破损、剥落、松动、变形等现象	破损、剥落、松动、变形等现象累计面积>构件面积的10%

表 9.2.1-6 桥头跳车

标度	评定标准	
	定性描述	定量描述
1	完好	—
2	台背路面轻微沉降,有轻度跳车现象	沉降值≤2cm
3	台背路面沉降较大,桥头跳车明显	沉降值>2cm且≤5cm
4	台背路面明显沉降,桥头跳车严重	沉降值>5cm

表 9.2.1-7 台背排水状况

标度	评定标准
	定性描述
1	完好
2	台背排水不良,造成桥台被渗水污染
3	台背填土排水不畅,填土出现膨胀或冻胀现象,造成挤压隆起,变形发展较快
4	台背填土排水不畅,填土出现膨胀或冻胀现象,造成台身、翼墙等构件出现大面积鼓肚或砌体松动,甚至出现严重变形

表 9.2.1-8 位移

标度	评定标准
	定性描述
1	完好
2	—
3	出现轻微下沉、倾斜滑动,发展缓慢或趋向稳定
4	桥台出现滑动、下沉、倾斜、冻拔等,台背填土有沉降裂缝或挤压隆起,变形发展较快,变形小于或等于规范值
5	桥台不稳定,出现严重滑动、下沉、位移、倾斜、冻拔等,造成结构和桥面变形过大,变形大于规范值或不能正常行车

注:简支梁墩台允许沉降见表9.1.1-8的表注。

表9.2.1-9 裂　　缝

标度	评定标准	
	定性描述	定量描述
1	完好,无裂缝	—
2	网状裂缝:局部网状开裂	网状裂缝:累计面积≤构件面积的20%,单处面积≤1.0m²
	从基础向上发展至台身的裂缝:缝宽未超限	从基础向上发展至台身的裂缝:缝长≤截面尺寸1/5
	台身的水平裂缝:缝宽未超限	台身的水平裂缝:缝长≤台身宽的1/8
	竖向裂缝:缝宽未超限	竖向裂缝:缝长≤截面尺寸的1/3
	翼墙和前墙断裂的裂缝:出现开裂,缝宽未超限	翼墙和前墙断裂的裂缝:缝长≤截面尺寸的1/3
	镶面石突出的裂缝:局部开裂	镶面石突出的裂缝:累计面积≤构件面积的10%,单处面积≤0.5m²
3	网状裂缝:局部网状裂缝	网状裂缝:累计面积>构件面积的20%,单处面积>1.0m²
	从基础向上发展至台身的裂缝:缝宽未超限	从基础向上发展至台身的裂缝:缝长>截面尺寸的1/5且≤截面尺寸的1/3,间距≥20cm
	台身的水平裂缝:缝宽未超限	台身的水平裂缝:缝长>台身宽的1/8且≤台身宽的1/2
	竖向裂缝:缝宽未超限	竖向裂缝:缝长>截面尺寸的1/3且≤截面尺寸的1/2,间距≥20cm
	翼墙和前墙断裂的裂缝:出现开裂,缝宽超限	翼墙和前墙断裂的裂缝:缝长>截面尺寸的1/3且≤截面尺寸的2/3
	镶面石突出的裂缝:局部开裂	镶面石突出的裂缝:累计面积>构件面积的10%,单处面积>1.0m²
4	从基础向上发展至台身的裂缝:重点部位缝宽超限	从基础向上发展至台身的裂缝:缝长>截面尺寸的1/3,间距<20cm
	台身的水平裂缝:重点部位缝宽超限	台身的水平裂缝:缝长>台身宽的1/2
	竖向裂缝:重点部位缝宽超限	竖向裂缝:缝长>截面尺寸的1/2,间距<20cm
	翼墙和前墙断裂的裂缝:出现开裂,缝宽超限	翼墙和前墙断裂的裂缝:缝长>截面尺寸的2/3,缝宽>1.0mm
5	桥台出现结构性裂缝,桥台变形失稳	缝宽>1.0mm,缝长>台身宽的2/3

9.2.2 台帽评定指标及分级评定标准:

1 破损评定标准见表9.2.2-1。
2 混凝土碳化、腐蚀评定标准见表9.2.2-2。
3 裂缝评定标准见表9.2.2-3。
4 空洞、孔洞评定标准见表9.2.1-2。

表 9.2.2-1　破　　损

标度	评定标准	
	定性描述	定量描述
1	完好	—
2	局部混凝土剥落、磨损等	累计面积≤构件面积的10%，单处面积≤0.5m²
3	较大范围混凝土剥落、磨损等	累计面积>构件面积的10%且≤构件面积的20%，单处面积≤1.0m²
4	大范围混凝土剥落、磨损等	累计面积≥构件面积的20%，单处面积>1.0m²

表 9.2.2-2　混凝土碳化、腐蚀

标度	评定标准
	定性描述
1	无碳化现象
2	有局部碳化或腐蚀现象，且所有碳化深度均小于混凝土保护层厚度
3	大部分出现碳化或腐蚀现象，局部碳化深度大于混凝土保护层厚度，混凝土表面松散粉化

表 9.2.2-3　裂　　缝

标度	评定标准	
	定性描述	定量描述
1	完好，无裂缝	—
2	由支承垫石从下向上发展的裂缝：缝宽未超限	由支承垫石从下向上发展的裂缝：缝长≤截面尺寸的2/3
2	台帽自上而下的垂直裂缝：缝宽未超限	台帽自上而下的垂直裂缝：缝长≤截面尺寸的2/3，间距≥20cm
3	由支承垫石从下向上发展的裂缝：缝宽超限	由支承垫石从下向上发展的裂缝：缝长>截面尺寸的2/3
3	台帽自上而下的垂直裂缝：缝宽超限	台帽自上而下的垂直裂缝：缝宽>限值且≤1.0mm，缝长>截面尺寸的2/3，间距<20cm
4	台帽自上而下的垂直裂缝：缝宽超限	台帽自上而下的垂直裂缝：缝宽>1.0mm，缝长>截面尺寸的2/3，间距<20cm

9.3　基础

9.3.1　应对基础及河底铺砌的缺损情况进行详细检查。水下部分可通过相关辅助手段(水下摄像机、水下腐蚀电位测量仪等)进行检查，了解构件的损伤、损坏情况。

9.3.2　基础(包括水下基础)评定指标及分级评定标准：
1　冲刷、淘空评定标准见表9.3.2-1。
2　剥落、露筋评定标准见表9.3.2-2。

3 冲蚀评定标准见表9.3.2-3。
4 河底铺砌损坏评定标准见表9.3.2-4。
5 沉降评定标准见表9.3.2-5。
6 滑移和倾斜评定标准见表9.3.2-6。
7 裂缝评定标准见表9.3.2-7。

表9.3.2-1 冲刷、淘空

标度	评定标准	
	定性描述	定量描述
1	完好	—
2	基础无冲蚀现象,表面长有青苔、杂草	—
3	基础有局部冲蚀现象,部分外露,但未露出基底	基础冲空面积≤10%
4	浅基被冲空,露出底面,冲刷深度大于设计值	基础冲空面积>10%且≤20%
5	冲刷深度大于设计值,地基失效,承载力降低,或桥台岸坡滑移或基础无法修复	基础冲空面积>20%

表9.3.2-2 剥落、露筋

标度	评定标准	
	定性描述	定量描述
1	完好	—
2	承台出现少量剥落、露筋、锈蚀现象,或基础少量混凝土剥落	累计面积≤构件面积的3%,单处面积≤0.25m²
3	承台较大范围出现剥落、露筋、锈蚀现象,或基础小范围出现剥落、露筋、锈蚀现象	剥落、露筋累计面积>构件面积的3%且≤构件面积的10%,单处面积>0.25m²且≤1.0m²
4	承台大范围出现严重剥落、露筋、锈蚀现象且混凝土出现严重锈蚀裂缝,或基础较大范围出现剥落、露筋,主筋严重锈蚀	剥落、露筋累计面积>构件面积的10%且≤构件面积的20%,单处面积>1.0m²
5	基础大量剥落、露筋且主筋有锈断现象,基础失稳	基础剥落、露筋累计面积>构件面积的20%,单处面积>1.0m²

表9.3.2-3 冲 蚀

标度	评定标准	
	定性描述	定量描述
1	完好	—
2	基础或承台有轻微磨损、腐蚀现象,个别部位表面磨耗,粗骨料显露	累计面积≤构件面积的3%
3	基础或承台大范围被侵蚀,有磨损、缩颈、露筋或者环状冻裂现象;或桩基顶面出现较大空洞	累计面积>构件面积的3%且≤构件面积的10%
4	混凝土腐蚀或钢筋大量锈蚀并有锈断现象;或有严重冻融现象,造成大面积混凝土胀裂	累计面积>构件面积的10%

表 9.3.2-4 河底铺砌损坏

标度	评定标准
	定性描述
1	河底铺砌完好,无冲刷现象
2	河底铺砌局部轻微冲刷或损坏
3	河底铺砌冲刷较重或损坏严重
4	河底铺砌出现严重冲刷淘空或损坏

表 9.3.2-5 沉　降

标度	评定标准
	定性描述
1	完好
2	—
3	出现轻微的下沉,发展缓慢或下沉趋于稳定
4	出现下沉现象,沉降量小于或等于规范值
5	基础不稳定,下沉现象严重,沉降量大于规范值,造成上部结构和桥面系变形过大

注:简支梁基础允许沉降——均匀总沉降值(不包括施工中沉降):$2.0\sqrt{L}$ cm;相邻墩台均匀沉降差值(不包括施工中沉降):$1.0\sqrt{L}$ cm。L 为相邻墩台间最小跨径长度,以米计。跨径小于 25m 时仍以 25m 计。

表 9.3.2-6 滑移和倾斜

标度	评定标准
	定性描述
1	完好
2	—
3	出现滑移或倾斜,导致支座和墩台支承面轻微损坏,或导致伸缩装置破坏、接缝减小、伸缩机能受损,但发展缓慢或下沉趋于稳定
4	基础出现滑移或倾斜,导致支座和墩台支承面被严重破坏,或导致伸缩装置破坏、接缝减小、伸缩机能完全丧失,或滑移量过大,梁端与胸墙紧贴
5	滑移量过大导致前墙破坏或局部破碎、压曲,或基础不稳定,滑移或倾斜现象严重,或导致梁体从支承面上滑落

表 9.3.2-7 裂　缝

标度	评定标准	
	定性描述	定量描述
1	完好	—
2	结构应力异常,出现剪切裂缝,缝宽未超限	缝长≤截面尺寸的1/3
3	结构应力异常,出现剪切裂缝,缝宽未超限	缝长>截面尺寸的1/3且≤截面尺寸的1/2
4	结构应力异常,出现剪切裂缝或混凝土出现碎裂	缝宽>限值且≤1.0mm,缝长>截面尺寸的1/2
5	结构应力异常,出现剪切裂缝,裂缝贯通,基础处于失稳状态,或基础出现结构性裂缝甚至断裂	缝宽>1.0mm,缝长>截面尺寸的1/2

9.4 翼墙、耳墙

9.4.1 翼墙、耳墙评定指标及分级评定标准：
1 破损评定标准见表9.4.1-1。
2 位移评定标准见表9.4.1-2。
3 鼓肚、砌体松动评定标准见表9.4.1-3。
4 裂缝评定标准见表9.4.1-4。

表9.4.1-1 破 损

标度	评定标准	
	定性描述	定量描述
1	完好	—
2	局部混凝土出现空洞、孔洞、剥落，或砖石表面小块脱落	累计面积≤构件面积的5%，单处面积≤0.5m²
3	较大范围混凝土或砖石出现空洞、孔洞、剥落	累计面积＞构件面积的5%且≤构件面积的20%，单处面积≤1.0m²
4	大范围混凝土或砖石出现空洞、孔洞、剥落	累计面积＞构件面积的20%

表9.4.1-2 位 移

标度	评定标准
	定性描述
1	完好
2	—
3	存在明显的永久变形，但无明显的外倾、下沉，或出现填料损失，但仍可起到挡土的作用
4	有下沉、滑动现象，造成翼墙断裂，外倾失稳，砌体变形，部分倒塌，或填料严重流失，失去挡土功能

表9.4.1-3 鼓肚、砌体松动

标度	评定标准
	定性描述
1	完好
2	局部鼓肚，砌体松动
3	大面积鼓肚，砌体松动
4	大面积鼓肚，砌体松动，甚至出现严重渗漏

表9.4.1-4 裂 缝

标度	评定标准	
	定性描述	定量描述
1	完好或有轻微网裂	网裂总面积≤10%
2	较多网裂。出现个别裂缝，缝宽未超限	网裂总面积＞10%
3	出现多处裂缝，未贯通，缝宽超限，或翼墙或耳墙有断裂，与前墙脱开现象	—
4	出现通缝，裂缝超限，或翼墙或耳墙断裂，与前墙完全脱开	—

9.5 锥坡、护坡

9.5.1 锥坡、护坡评定指标及分级评定标准：
1 缺陷评定标准见表9.5.1-1。
2 冲刷评定标准见表9.5.1-2。

表9.5.1-1 缺　陷

标度	评定标准	
	定性描述	定量描述
1	完好	—
2	铺砌面局部隆起、凹陷、开裂，砌缝砂浆脱落，或局部铺砌面下滑，坡角损坏	缺陷面积≤10%
3	铺砌面出现大面积隆起、凹陷、开裂，砌缝砂浆脱落	缺陷面积>10%且≤20%
4	出现孔洞、破损等，丧失锥坡、护坡功能，或锥坡体和坡脚损坏严重，大面积滑坡、坍塌，坡顶下降较大，锥坡、护坡作用明显降低	缺陷面积>20%

表9.5.1-2 冲　刷

标度	评定标准
	定性描述
1	完好
2	局部冲成浅坑
3	坡脚局部冲蚀，冲成深坑、沟或槽
4	锥坡体和坡脚冲蚀严重，基础有淘空现象

9.6 河床及调治构造物

9.6.1 河床评定指标及分级评定标准：
1 堵塞评定标准见表9.6.1-1。
2 冲刷评定标准见表9.6.1-2。
3 河床变迁评定标准见表9.6.1-3。

表9.6.1-1 堵　塞

标度	评定标准
	定性描述
1	完好
2	局部有漂流物，堵塞河道
3	多处有漂流物堵塞河道
4	河道被完全堵塞

表 9.6.1-2 冲　　刷

标度	评定标准
	定性描述
1	河床稳定,无冲刷现象
2	局部轻微冲刷
3	冲刷较重,墩台底有淘空现象,防护体损坏严重
4	河床压缩,出现严重冲刷淘空,危及桥梁安全

表 9.6.1-3 河 床 变 迁

标度	评定标准
	定性描述
1	完好
2	局部轻微淤积
3	河床淤泥严重,河床扩宽有变迁趋势
4	已出现变迁、扩宽现象,并有发展趋势

9.6.2 调治构造物评定指标及分级评定标准:
1 损坏评定标准见表 9.6.2-1。
2 冲刷、变形评定标准见表 9.6.2-2。

表 9.6.2-1 损　　坏

标度	评定标准
	定性描述
1	完好
2	构造物局部断裂、砌体松动、鼓肚、凹陷或灰浆脱落
3	表面出现大面积损坏或坡脚局部损坏
4	需要设置但没有设置调治构造物者

表 9.6.2-2 冲刷、变形

标度	评定标准
	定性描述
1	完好
2	边坡局部下滑,基础局部冲空
3	边坡大面积下滑,构造物出现下沉、倾斜、局部坍塌
4	构造物出现下沉、倾斜、坍塌,基础冲蚀严重

10 桥面系构件技术状况评定

10.1 桥面铺装

10.1.1 沥青混凝土桥面铺装评定指标及分级评定标准：
1 变形（车辙、拥包、高低不平等）评定标准见表10.1.1-1。
2 泛油评定标准见表10.1.1-2。
3 破损评定标准见表10.1.1-3。
4 裂缝（龟裂、块裂、纵向裂缝、横向裂缝等）评定标准见表10.1.1-4。

表10.1.1-1 变 形

标度	评定标准	
	定性描述	定量描述
1	完好	—
2	局部出现波浪拥包	波浪拥包面积≤10%，波峰波谷高差≤25mm
	或局部有高低不平的现象	高低差≤25mm
	或局部出现车辙，深度较浅	铺装层出现车辙的面积≤10%，深度≤25mm
3	多处出现波浪拥包	波浪拥包面积>10%且≤20%，波峰波谷高差≤25mm
	或多处有高低不平的现象	高低差≤25mm
	或较大面积出现车辙，深度较浅	铺装层出现车辙的面积>10%且≤20%，深度≤25mm
4	大面积出现波浪拥包	波浪拥包面积>20%，波峰波谷高差>25mm
	或普遍有高低不平的现象	高低差>25mm
	或大面积出现车辙，深度较深	铺装层出现车辙的面积>20%，深度>25mm

表10.1.1-2 泛 油

标度	评定标准	
	定性描述	定量描述
1	完好	—
2	局部出现泛油	面积≤10%
3	多处出现泛油	面积>10%且≤20%
4	大面积出现泛油、磨光	面积>20%

表10.1.1-3 破 损

标度	评定标准	
	定性描述	定量描述
1	完好	—
2	面层局部松散、露骨	松散、露骨累计面积≤10%
	或局部浅坑槽	坑槽深度≤25mm,累计面积≤3%,单处面积≤0.5m²
3	多处松散、露骨	松散、露骨累计面积>10%且≤20%
	或多处出现坑槽	坑槽深度≤25mm,累计面积>3%且≤10%,单处面积>0.5m²且≤1.0m²
4	大部分松散、露骨	松散、露骨累计面积>20%
	大部分有坑槽	坑槽深度>25mm,累计面积>10%,单处面积>1.0m²

表10.1.1-4 裂 缝

标度	评定标准	
	定性描述	定量描述
1	完好	—
2	局部龟裂,裂缝区无变形、无散落	龟裂缝宽≤2.0mm,部分裂缝块度≤5.0m
	或局部块裂,裂缝区无散落	块裂缝宽≤3.0mm,大部分裂缝块度>1.0m
	或有纵横裂缝,裂缝壁无散落,无支缝	纵横裂缝缝长≤1.0m,缝宽≤3.0mm
3	局部龟裂,状态明显,裂缝区有轻度散落或变形	龟裂缝宽>2.0mm且≤5.0mm,部分裂缝块度≤2.0m
	或局部块裂,裂缝区有散落	块裂缝宽>3.0mm,大部分裂缝块度>0.5m且≤1.0m
	或有纵横裂缝,裂缝壁有散落,有支缝	纵横裂缝缝长>1.0m且≤2.0m,缝宽>3.0mm
4	多处龟裂,特征显著,裂缝区变形明显、散落严重	龟裂缝宽>5.0mm,大部分裂缝块度≤2.0m
	或多处块裂,裂缝区散落严重	块裂缝宽>3.0mm,大部分裂缝块度≤0.5m
	或有纵横通缝,裂缝壁散落,支缝严重	纵横裂缝缝长>2.0m,缝宽>3.0mm

10.1.2 水泥混凝土桥面铺装评定指标及分级评定标准:

1 磨光、脱皮、露骨评定标准见表10.1.2-1。

2 错台评定标准见表10.1.2-2。

3 坑洞评定标准见表10.1.2-3。

4 剥落评定标准见表10.1.2-4。

5 拱起评定标准见表10.1.2-5。

6 接缝料损坏评定标准见表10.1.2-6。

7 裂缝(板角断裂、破碎板)评定标准见表10.1.2-7。

表 10.1.2-1　磨光、脱皮、露骨

标度	评定标准	
	定性描述	定量描述
1	完好	—
2	局部出现磨光、脱皮、露骨	面积≤10%
3	多处出现磨光、脱皮、露骨	面积>10%且≤20%
4	大面积出现磨光、脱皮、露骨	面积>20%

表 10.1.2-2　错　台

标度	评定标准	
	定性描述	定量描述
1	完好	—
2	局部接缝两侧出现高差现象	高差≤10mm
3	多处接缝两侧出现高差现象	高差>10mm
4	绝大多数接缝两侧出现高差现象	高差>10mm

表 10.1.2-3　坑　洞

标度	评定标准	
	定性描述	定量描述
1	完好	—
2	局部出现坑洞	深度≤1cm,直径≤3cm,或累计面积≤3%
3	多处坑洞	深度>1cm,直径>3cm,或累计面积>3%且≤10%
4	大部分有坑洞	深度>1cm,直径>3cm,或累计面积>10%

表 10.1.2-4　剥　落

标度	评定标准	
	定性描述	定量描述
1	完好	—
2	局部接缝处出现浅层边角剥落,局部出现层状剥落	层状剥落累计面积≤10%
3	多处接缝处出现中、深层边角剥落,局部出现层状剥落	层状剥落累计面积>10%且≤20%
4	大部分接缝处出现深层边角剥落,局部出现层状剥落	层状剥落累计面积>20%

表 10.1.2-5　拱　起

标度	评定标准	
	定性描述	定量描述
1	完好	—
2	接缝两侧出现轻微抬高	接缝拱起条数≤总数的10%
3	接缝两侧出现较大抬高	接缝拱起条数>总数的10%且≤总数的20%
4	接缝两侧出现明显抬高	接缝拱起条数>总数的20%

表 10.1.2-6　接缝料损坏

标度	评定标准	
	定性描述	定量描述
1	完好	—
2	接缝处填料老化、漏水,但尚未出现剥落、脱空,或被杂物填塞现象	填料老化、漏水≤整条缝的10%
3	接缝处填料老化、漏水,部分填料脱空,或被杂物填塞	填料老化、漏水>整条缝的10%且≤整条缝的20%,或脱空、填塞长度≤接缝长的1/3
4	接缝处填料老化、漏水,多处填料脱空,或被杂物填塞	填料老化、漏水>整条缝20%,或脱空、填塞长度>接缝长的1/3

表 10.1.2-7　裂　缝

标度	评定标准	
	定性描述	定量描述
1	完好	—
2	局部存在横向裂缝、纵向裂缝或斜裂缝,但未贯通	裂缝缝宽<3mm
	或板角处裂缝与纵横接缝相交	交点距角点≤1/2板块边长,裂缝缝宽<3mm
	或局部出现破碎板,但未发生松动、沉陷等病害	每块板被分成2~3块
3	多数存在横向裂缝、纵向裂缝或斜裂缝,边缘有碎裂	裂缝缝宽≥3mm且≤10mm
	或板角处裂缝与纵横向接缝相交,边缘存在碎裂	交点距角点≤1/2板块边长,裂缝缝宽≥3mm且≤10mm
	或出现较多破碎板,板块伴有松动、沉陷、唧泥等现象	每块板被分成3~4块
4	大部分存在横向裂缝、纵向裂缝或斜裂缝,边缘有碎裂,并伴有错台出现	裂缝缝宽>10mm
	或板角处裂缝与纵横向接缝相交,断角有松动	交点距角点≤1/2板块边长,缝宽>10mm
	或出现大量破碎板,板块伴有松动、沉陷、唧泥等现象	每块板被分成4块以上

10.2　伸缩缝装置

10.2.1　伸缩缝装置评定指标及分级评定标准:

1　凹凸不平评定标准见表10.2.1-1。
2　锚固区缺陷评定标准见表10.2.1-2。
3　破损评定标准见表10.2.1-3。
4　失效评定标准见表10.2.1-4。

表10.2.1-1　凹凸不平

标度	评定标准	
	定性描述	定量描述
1	完好	—
2	略有凹凸不平	差值≤1cm
3	有明显凹凸不平	差值>1cm且≤3cm
4	严重凹凸不平	差值>3cm

表10.2.1-2　锚固区缺陷

标度	评定标准	
	定性描述	定量描述
1	完好	—
2	锚固构件松动,或锚固螺栓松脱	数量≤10%
	或混凝土轻微损坏,出现裂缝、剥落现象	面积≤10%
3	锚固构件松动,或锚固螺栓松脱但功能尚存	数量>10%且≤20%
	或混凝土局部损坏	面积>10%且≤20%
4	锚固构件松动,或锚固螺栓松脱基本失效	数量>20%
	或混凝土大面积破损	面积>20%

表10.2.1-3　破　　损

标度	评定标准	
	定性描述	定量描述
1	完好	—
2	锚固构件松动、缺失,或焊缝开裂	数量≤10%
	或橡胶条轻微损坏、老化	面积≤20%
	或排水管发生轻微破损,但不影响功能	—
3	锚固构件松动、缺失,或焊缝开焊,造成钢板破损	数量>10%且≤20%
	或橡胶条老化、剥离	面积>20%
	或焊接处大部分出现裂缝,但未断裂	—
	或防水材料老化并有局部脱落现象,或排水管破损、堵塞,尚能维持功能	—
4	严重老化,锚固构件松动、缺失,或焊缝开焊,造成钢板破损失效	数量>20%
	或焊接处出现剪断现象,或钢板其他部位出现剪断现象	—
	或橡胶条完全剥离或脱落	—
	或防水材料老化,完全脱落,或排水管完全堵塞失效	—

表10.2.1-4 失 效

标度	评定标准
	定性描述
1	完好
2	上层槽口堵塞、卡死等原因,造成伸缩缝伸缩异常,车辆行驶时出现冲击和噪声
3	上层槽口堵塞、卡死等原因,造成伸缩缝不能自由变形,伸缩异常现象严重,伸缩缝出现明显损坏
4	伸缩异常导致失效

10.3 人行道

10.3.1 人行道评定指标及分级评定标准:
1 破损评定标准见表10.3.1-1。
2 缺失评定标准见表10.3.1-2。

表10.3.1-1 破 损

标度	评定标准	
	定性描述	定量描述
1	完好	—
2	出现少量坑槽、孔洞、裂缝、剥落、松动等现象	面积≤10%
3	出现较多坑槽、孔洞、裂缝、剥落、松动等现象	面积>10%且≤20%
4	出现大量坑槽、孔洞、裂缝、剥落、松动等现象	面积>20%

表10.3.1-2 缺 失

标度	评定标准	
	定性描述	定量描述
1	完好	—
2	人行道出现少量缺失现象	面积≤3%
3	人行道出现较大面积缺损	面积>3%且≤10%
4	人行道出现大面积缺损	面积>10%

10.4 栏杆、护栏

10.4.1 栏杆、护栏评定指标及分级评定标准:
1 撞坏、缺失评定标准见表10.4.1-1。
2 破损评定标准见表10.4.1-2。

表 10.4.1-1 撞坏、缺失

标度	评定标准	
	定性描述	定量描述
1	完好	—
2	局部受到车辆冲撞,不影响功能,或构件脱落、缺失	损坏长度≤3%
3	多处出现车辆冲撞引起的损坏,不影响功能,或构件脱落、缺失	损坏长度>3%且≤10%
4	受到车辆冲撞,失去效用,或构件脱落、缺失	损坏长度>10%

表 10.4.1-2 破损

标度	评定标准	
	定性描述	定量描述
1	完好	—
2	个别构件出现蜂窝麻面、剥落、锈蚀、裂缝、变形错位等现象	累计面积≤10%
3	较多构件出现蜂窝麻面、剥落、露筋、锈蚀、裂缝、变形错位等现象	累计面积>10%且≤20%
4	大量构件出现剥落、露筋、锈蚀、裂缝、变形错位等现象	累计面积>20%

10.5 防排水系统

10.5.1 防排水系统评定指标及分级评定标准：
1 排水不畅评定标准见表10.5.1-1。
2 泄水管、引水槽缺陷评定标准见表10.5.1-2。

表 10.5.1-1 排水不畅

标度	评定标准
	定性描述
1	完好
2	局部排水不畅,桥下出现漏水现象,或桥台支承面、翼墙面等平面受到污水污染
3	桥下多处出现漏水现象,或桥台支承面、翼墙面、前墙面等平面受到污水污染,支座锈蚀,或桥台后填料排水不畅,造成路堤轻微沉降
4	桥下普遍出现漏水现象,或桥台支承面、翼墙面、前墙面等平面被污水严重污染,支座严重锈蚀,或桥台后填料排水不畅,造成路堤明显沉降

表 10.5.1-2 泄水管、引水槽缺陷

标度	评定标准	
	定性描述	定量描述
1	完好	—
2	较少泄水管、引水槽、排水孔出现堵塞,或排水设施构件破损、缺件、管体脱落、漏留泄水管	数量≤5%
3	较多泄水管、引水槽、排水孔出现堵塞,或排水设施构件破损、缺件、管体脱落、漏留泄水管	数量>5%

10.6 照明、标志

10.6.1 照明、标志评定指标及分级评定标准:
1 污损或损坏评定标准见表10.6.1-1。
2 照明设施缺失评定标准见表10.6.1-2。
3 标志脱落、缺失评定标准见表10.6.1-3。

表10.6.1-1 污损或损坏

标度	评定标准
	定性描述
1	完好
2	个别设施松动、锈蚀、损坏,或出现污损标志不清现象
3	多处设施松动、锈蚀、损坏,或出现污损标志不清现象
4	大部分设施松动、锈蚀、损坏,危及行车安全

表10.6.1-2 照明设施缺失

标度	评定标准	
	定性描述	定量描述
1	完好	—
2	少量照明设施缺失	数量≤10%
3	较多照明设施缺失	数量>10%且≤20%
4	大量照明设施缺失,危及行车安全	数量>20%

表10.6.1-3 标志脱落、缺失

标度	评定标准	
	定性描述	定量描述
1	完好	—
2	个别标志脱落、缺失,或需要标志的位置没有相应标志	—
3	多处标志脱落、缺失,或需要标志的位置没有相应标志	—

附录 A 桥梁检查评定记录表

表 A-1 桥梁评定指标检查评定表

缺损位置	缺损类型	缺损情况		评定类别（1~5）	照片或图片（编号／时间）
		缺损数量	病害描述（性质、范围、程度等）		

说明：(简图标识)

表 A-2 梁式桥技术状况评定记录表

桥梁编码		主跨结构		上次检查日期	
桥梁名称		桥长		建成年月	
路线名称		最大跨径		本次检查日期	
桥位桩号		管养单位		上次大中修日期	

序号	桥梁组成及评级		桥梁部件及评级		维修范围	维修方式	维修时间	是否需要进行特殊检查
	桥梁组成	评定等级（1~5）	部件名称	评定等级（1~5）				
1	上部结构		上部承重构件					
2			上部一般构件					
3			支座					
4	下部结构		翼墙、耳墙					
5			锥坡、护坡					
6			桥墩					
7			桥台					
8			墩台基础					
9			河床					
10			调治构造物					
11	桥面系		桥面铺装					
12			伸缩缝装置					
13			人行道					
14			栏杆					
15			排水系统					
16			照明、标志					
总体技术状况等级								

全桥清洁状况评分(0~100)			保养、小修状况评分(0~100)	
养护建议				
记录人		负责人		下次检查时间

表 A-3 板拱桥、肋拱桥、箱形拱桥、双曲拱桥技术状况评定记录表

桥梁编码		主跨结构		上次检查日期	
桥梁名称		桥长		建成年月	
路线名称		最大跨径		本次检查日期	
桥位桩号		管养单位		上次大中修日期	

序号	桥梁组成及评级		桥梁部件及评级		维修范围	维修方式	维修时间	是否需要进行特殊检查
	桥梁组成	评定等级(1~5)	部件名称	评定等级(1~5)				
1	上部结构		主拱圈					
2			拱上结构					
3			桥面板					
4	下部结构		翼墙、耳墙					
5			锥坡、护坡					
6			桥墩					
7			桥台					
8			墩台基础					
9			河床					
10			调治构造物					
11	桥面板		桥面铺装					
12			伸缩缝装置					
13			人行道					
14			栏杆					
15			排水系统					
16			照明、标志					

总体技术状况等级	

全桥清洁状况评分(0~100)		保养、小修状况评分(0~100)	
养护建议			
记录人		负责人		下次检查时间	

表 A-4 刚架拱桥、桁架拱桥技术状况评定记录表

桥梁编码			主跨结构			上次检查日期	
桥梁名称			桥长			建成年月	
路线名称			最大跨径			本次检查日期	
桥位桩号			管养单位			上次大中修日期	
序号	桥梁组成及评级		桥梁部件及评级		维修范围	维修方式	维修时间	是否需要进行特殊检查
	桥梁组成	评定等级（1~5）	部件名称	评定等级（1~5）				
1	上部结构		刚架拱片（桁架拱片）					
2			横向联结系					
3			桥面板					
4	下部结构		翼墙、耳墙					
5			锥坡、护坡					
6			桥墩					
7			桥台					
8			墩台基础					
9			河床					
10			调治构造物					
11	桥面系		桥面铺装					
12			伸缩缝装置					
13			人行道					
14			栏杆					
15			排水系统					
16			照明、标志					
总体技术状况等级								
全桥清洁状况评分(0~100)					保养、小修状况评分(0~100)			
养护建议								
记录人				负责人		下次检查时间		

表 A-5 钢—混凝土组合拱桥技术状况评定记录表

桥梁编码		主跨结构		上次检查日期	
桥梁名称		桥长		建成年月	
路线名称		最大跨径		本次检查日期	
桥位桩号		管养单位		上次大中修日期	

序号	桥梁组成及评级		桥梁部件及评级		维修范围	维修方式	维修时间	是否需要进行特殊检查
	桥梁组成	评定等级（1~5）	部件名称	评定等级（1~5）				
1	上部结构		拱肋					
2			横向联结系					
3			立柱					
4			吊杆					
5			系杆(含锚具)					
6			桥面板(梁)					
7			支座					
8	下部结构		翼墙、耳墙					
9			锥坡、护坡					
10			桥墩					
11			桥台					
12			墩台基础					
13			河床					
14			调治构造物					
15	桥面系		桥面铺装					
16			伸缩缝装置					
17			人行道					
18			栏杆					
19			排水系统					
20			照明、标志					
总体技术状况等级								

全桥清洁状况评分(0~100)		保养、小修状况评分(0~100)	
养护建议			
记录人		负责人		下次检查时间	

表 A-6 悬索桥技术状况评定记录表

桥梁编码		主跨结构		上次检查日期		
桥梁名称		桥长		建成年月		
路线名称		最大跨径		本次检查日期		
桥位桩号		管养单位		上次大中修日期		

序号	桥梁组成及评级		桥梁部件及评级		维修范围	维修方式	维修时间	是否需要进行特殊检查
	桥梁组成	评定等级(1~5)	部件名称	评定等级(1~5)				
1	上部结构		加劲梁					
2			索塔					
3			支座					
4			主鞍					
5			主缆					
6			索夹					
7			吊索及钢护筒					
8			锚杆					
9	下部结构		锚碇					
10			索塔基础					
11			散索鞍					
12			河床					
13			调治构造物					
14	桥面系		桥面铺装					
15			伸缩缝装置					
16			人行道					
17			栏杆(护栏)					
18			排水系统					
19			照明、标志					

总体技术状况等级				
全桥清洁状况评分(0~100)			保养、小修状况评分(0~100)	
养护建议				
记录人		负责人	下次检查时间	

表 A-7 斜拉桥技术状况评定记录表

桥梁编码			主跨结构		上次检查日期	
桥梁名称			桥长		建成年月	
路线名称			最大跨径		本次检查日期	
桥位桩号			管养单位		上次大中修日期	

序号	桥梁组成及评级		桥梁部件及评级		维修范围	维修方式	维修时间	是否需要进行特殊检查
	桥梁组成	评定等级（1~5）	部件名称	评定等级（1~5）				
1	上部结构		斜拉索系统（斜拉索、锚具、拉索护套、减震装置等）					
2			主梁					
3			索塔					
4			支座					
5	下部结构		翼墙、耳墙					
6			锥坡、护坡					
7			桥墩					
8			桥台					
9			墩台基础					
10			河床					
11			调治构造物					
12	桥面系		桥面铺装					
13			伸缩缝装置					
14			人行道					
15			栏杆(护栏)					
16			排水系统					
17			照明、标志					
总体技术状况等级								

全桥清洁状况评分(0~100)		保养、小修状况评分(0~100)	
养护建议			
记录人		负责人		下次检查时间	

本标准用词说明

对执行标准条文严格程度的用词,采用以下写法:
1 表示很严格,非这样做不可的用词:
  正面词采用"必须";反面词采用"严禁"。
2 表示严格,在正常情况下均应这样做的用词:
  正面词采用"应";反面词采用"不应"或"不得"。
3 表示允许稍有选择,在条件许可时首先这样做的用词:
  正面词采用"宜";反面词采用"不宜"。
  表示有选择,在一定条件下可以这样做的,采用"可"。

附件

《公路桥梁技术状况评定标准》

(JTG/T H21—2011)

条 文 说 明

1 总则

1.0.1 本条规定了制定本标准的目的。桥梁技术状况评定的目的是通过全面描述桥梁各部件的缺陷，评价桥梁技术状况，记录桥梁基本特征，建立健全桥梁技术档案，提供进行桥梁养护、维修和加固的决策支持，使桥梁长期处于良好的工作状态，最终体现于对营运的桥梁进行有效管理和状况监控。制定本标准是为了有效地确定桥梁技术状况，科学地评价桥梁状态。

1.0.2 本条规定了本标准的使用范围。从现有公路的分级管理情况出发，规定适用范围为各级公路桥梁的技术状况评定。

对于特殊桥梁，可遵循本标准的原则，针对不同情况与要求制定专门的评定标准，由各省(直辖市、自治区)公路管理机构批准后实施。所谓的特殊桥梁指在养护方面有特殊要求的桥梁，即一些跨越江、海的特大型桥梁和一些新型桥梁。这些桥梁不但对养护技术有很高的要求，而且工作内容也较复杂，有其特殊性。

1.0.3 本条规定了公路桥梁检测的方法为目测与仪器相结合，对目测难以确定的指标需辅以仪器检测(包含水下构件的检测)。

1.0.4 本条规定了公路桥梁技术状况的评定方法。依据桥梁检查资料，通过对桥梁各部件技术状况分层综合评定，同时考虑桥梁单项控制指标(关键病害的控制)，确定桥梁的技术状况等级。

在《公路桥涵养护规范》(JTG H11—2004)"桥梁评定"中"一般评定"的基础上根据桥梁各部件不同材料、结构形式将桥梁进行分类，分类后根据各部件不同特点制定相应的评定标准。

本标准将不同部件的各种检查指标进行划分，针对各检查指标制定详细的评定标准。为了方便养护工作者的实际操作，本标准将评定分类尽可能划分成定性和定量两种描述。

1.0.5 本条规定了对于公路桥梁技术状况评定的相关技术资料，应归入桥梁养护技术文档，同时应将病害情况、技术状况评定状况等资料归入公路桥梁管理系统。

3 评定方法及等级分类

3.1 桥梁技术状况评定方法

本标准将每类桥梁分为桥面系、上部结构和下部结构三个部分,桥梁技术状况评定包括:桥梁构件、部件、桥面系、上部结构、下部结构和全桥评定。本标准采用先分部再综合的办法对桥梁进行技术状况评定。

首先需要依据各章节中各检测指标的技术状况评定表对指标进行评定,确定各构件指标的类别(1~5类)。对本标准中各构件检测指标的评定,是整个技术状况评定工作的关键和基础。然后依次计算构件、部件、上部结构(下部结构、桥面系)的技术状况,最后根据上部结构、下部结构、桥面系的技术状况计算全桥技术状况。

由于实际当中桥梁可能由两种或者多种不同结构形式组成,当单个桥梁存在既有梁桥又有拱桥或其他桥型,或者主桥和引桥结构形式不同等情况时,可根据结构形式的分布情况采用划分评定单元的方式,逐一对各评定单元进行桥梁技术状况的等级评定,然后以技术状况等级评定结果最差的一个评定单元作为全桥的评定结果。

3.2 桥梁技术状况等级分类

3.2.1 由于不同的桥梁构件对桥梁技术状况影响程度不同,将桥梁结构分成两大部分,分别为主要部件和次要部件。

3.2.2 规定了桥梁次要部件的概念,并列举出各种不同形式桥梁的主要部件。

3.2.3~3.2.5 桥梁总体技术状况评定等级和主要部件技术状况评定等级分为5个等级,次要部件技术状况评定等级分为4个等级,并分别描述其等级。

3.3 桥梁技术状况评定工作流程

3.3.1 本条描述了桥梁技术状况评定工作流程。根据制订的桥梁检查计划进行桥梁现场检查,对各构件检测指标的技术状况进行现场评定(1~5类),并依据各检测指标的技术状况评定结果按照桥梁评定模型计算桥梁构件的技术状况,然后依次计算桥梁各部件以及上部结构(下部结构、桥面系)的技术状况,最后根据上部结构、下部结构、桥面系的技术状况计算全桥技术状况。如果在现场评定时,桥梁符合 5 类桥单项控制指标则桥梁总体技术状况直接可以评定为 5 类。最后需要将检查以及评定的结果按照相关规定归档。

4 桥梁技术状况评定

4.1 桥梁技术状况评定计算

由于发生在不同构件的各种病害对桥梁影响程度不同,每种病害的最严重等级也不同。病害最严重等级分为3级、4级、5级(例如:蜂窝麻面最严重等级为3级,主梁的裂缝最严重等级为5级)。通过表4.1.1将不同病害进行分级扣分,某些病害达到最严重也仅能评为3级,此病害扣分为35分;某些病害达到最严重评为4级,此病害扣分为50分;某些病害达到最严重能评为5级,此病害扣分为100分。按照这种扣分方法能体现出不同病害对桥梁影响程度的不同。

对照表4.1.1得到构件各病害量化评定指标值(0~100分),然后根据技术状况评定模型依次得到构件、部件的量化评定值,最后根据各部件量化评定值分别得到桥面系、上部结构、下部结构的量化评定值,从而最终得到整桥的综合评定值。

在主要部件评分中,当主要部件的构件评分值在[0,40)时,主要部件的评分值等于此构件的评分值。

实际工作中当存在某座桥梁没有设置某些部件时,如单跨桥梁无桥墩、部分桥梁无人行道等类似情况,需要根据此构件隶属于上部构件、下部构件或桥面系关系,将此缺失构件的权重值分配给其他部件。分配方法采用将缺失部件权重值按照既有部件权重在全部既有部件权重中所占比例进行分配的方法,简单易行,从而保证既有部件参与评价,使桥梁评价更符合实际情况。

例:××梁式桥为单跨桥梁,无桥墩部件,其部件权重值分配表见表4-1。

表4-1 ××梁式桥部件权重值分配表

部位	类别 i	部件名称	权重	重新分配后权重	计算式	备注
上部结构	1	上部承重构件(主梁、挂梁)	0.70	0.70	无	
	2	上部一般构件(湿接缝、横隔板等)	0.18	0.18	无	
	3	支座	0.12	0.12	无	

续上表

部位	类别 i	部件名称	权重	重新分配后权重	计算式	备注
下部结构	4	翼墙、耳墙	0.02	0.03	$\frac{0.02}{(0.02+0.01+0.30+0.28+0.07+0.02)} \times 0.30 + 0.02$	保留两位小数
	5	锥坡、护坡	0.01	0.01	$\frac{0.01}{(0.02+0.01+0.30+0.28+0.07+0.02)} \times 0.30 + 0.01$	
	6	桥墩	0.30	0.00	无	无桥墩
	7	桥台	0.30	0.43	$\frac{0.30}{(0.02+0.01+0.30+0.28+0.07+0.02)} \times 0.30 + 0.30$	保留两位小数
	8	墩台基础	0.28	0.40	$\frac{0.28}{(0.02+0.01+0.30+0.28+0.07+0.02)} \times 0.30 + 0.28$	
	9	河床	0.07	0.10	$\frac{0.07}{(0.02+0.01+0.30+0.28+0.07+0.02)} \times 0.30 + 0.07$	
	10	调治构造物	0.02	0.03	$\frac{0.02}{(0.02+0.01+0.30+0.28+0.07+0.02)} \times 0.30 + 0.02$	
桥面系	11	桥面铺装	0.40	0.40	无	
	12	伸缩缝装置	0.25	0.25	无	
	13	人行道	0.10	0.10	无	
	14	栏杆、护栏	0.10	0.10	无	
	15	排水系统	0.10	0.10	无	
	16	照明、标志	0.05	0.05	无	

鉴于4、5类桥梁的严重性，桥梁总体技术状况评定除了按照评定模型进行计算后按照表4.1.5进行技术状况分类以外，本标准在4.1.6~4.1.8条中对4、5类桥梁的技术状况附加了3条要求。

如果桥梁出现了4.3节中任一情况，但是全桥技术状况评分没有达到5类桥梁评分范围，桥梁也应评定为5类。

如果桥梁总体技术状况评分计算结果为 $40 \leq D_r < 60$ 时，但上部结构和下部结构技术状况等级为3类、桥面系技术状况等级为4类，桥梁总体技术状况等级可评定为3类。此条规定是为了避免桥面系评为4类，上部结构和下部结构没有达到4类而导致桥梁总体技术状况评为4类的情况出现。

当主要部件的评分为4类或者5类，且影响到桥梁的安全时，本标准允许"可按照桥梁主要部件最差的缺损状况评定"。这是因为各主要部件在桥梁安全使用中的作用作为"串联"分析，荷载内力由桥面依次传递到上部结构、墩台、基础、地基，某一个环节出现严重缺损都可能影响到桥梁的安全使用。主要部件不仅对安全使用至关重要，而且维修工作量大、难度也较大,这种评定方法突出了安全因素的影响。

4.2 各结构形式桥梁部件分类及权重值

在进行上部结构、下部结构、桥面系的综合评定时,依据不同桥型各部件重要程度的不同,给予了各类型桥梁部件不同的权重 W_i。在进行全桥的综合评定时,依据上部结构、下部结构、桥面系重要程度的不同,分别给予了上部结构的权重 W_{SP}、下部结构的权重 W_{SB}、桥面系的权重 W_D。由于各地环境条件不同,除了采用本规范的推荐值外,还允许依据实际情况进行调整。调整权重可采用专家评估法,调整值应经过批准认可,对主要构件的权重则不宜减小。

4.3 5类桥梁技术状况单项控制指标

主要部件和其他部件的关键病害对安全使用至关重要,为了突出安全因素的影响,本标准将5类桥梁的评定方法列出,制定了各类桥梁5类技术状况单项控制指标,通过桥梁的关键病害确定桥梁的技术状况等级,以引起管理者的重视,及时、认真地进行养护维修,确保安全。

实践证明,桥梁某些关键部位出现严重病害就足以危及桥梁安全,即使其他部位状况再好,也不能改善其总体安全状态。因此,本标准制定了将桥梁技术状况评定为5类的单项控制指标,只要在桥梁检查中发现符合此节规定的任一情况时,就应将整座桥技术状况评定为5类。

5 梁式桥上部结构构件技术状况评定

5.1 混凝土梁式桥

评定指标规定了定性和定量指标,进行评定时需综合考虑定性指标和定量指标,如果实际情况不能同时满足这两项指标,可根据实际情况进行判别。

根据《公路桥涵养护规范》(JTG H11—2004)的规定和实际情况,梁式桥的上部结构为桥梁的主要部件,不仅对安全使用至关重要,而且维修工作量和难度均较大,所以上部结构构件评定指标的类别标度≥3类就需要及时进行维修。部分混凝土表观病害(剥落、掉角、混凝土保护层厚度、空洞孔洞、碳化等)由于其对桥梁的安全不至于造成决定性影响,故其类别的标度最大只有4类。

表5.1.1-4~表5.1.1-7的检测方法和检测要求按照《公路桥梁承载能力检测评定规程》(报批稿)的规定执行。本标准参考《公路桥梁承载能力检测评定规程》(报批稿)的规定对这几项检测指标的标度分类进行了部分调整。

表5.1.1-11和表5.1.1-12对裂缝进行了分类描述,根据裂缝的不同形态和受力将裂缝分为网状裂缝、横向裂缝、竖向裂缝、纵向裂缝、斜裂缝和水平裂缝。

5.2 钢梁桥

梁式桥上部结构所采用材料不同,检查指标也不同。将采用钢结构材料的梁式桥的检查指标单独进行分类和描述是与《公路桥涵养护规范》(JTG H11—2004)分类方法一致的。钢结构梁桥上部结构检查指标分为:涂层劣化、锈蚀、焊缝开裂、铆钉(螺栓)损失、构件裂缝、跨中挠度、构件变形和结构变位,使得本标准中检查指标较《公路桥涵养护规范》(JTG H11—2004)更加详细和全面。

5.3 支座

桥梁的支座按材料分成:橡胶支座、钢支座、混凝土摆式支座和特殊支座。为了全面合理描述桥梁支座技术状况,按照支座材料的不同形式分类。对不同形式支座的技术状况进行较详细的描述也更便于操作者掌握,符合实际工作的需要。

支座是桥梁的可换部件,尤其是橡胶支座,因材料老化等原因导致其使用寿命比混凝土、钢材等材料的使用寿命短。本标准中对橡胶支座的各检查指标的标度分类以及定性、定量描述,目的是使养护工作者及时准确掌握橡胶支座的使用状况。但是由于过去设计的公路桥梁,几乎没有考虑支座养护维修的工作通道,使养护人员难以接近支座部位,橡胶支座部分病害的维修较为困难。所以支座的病害情况如果不影响支座使用功效,维修又十分困难,可以根据实际情况对支座进行定期的检查,其检查频率应该比其他部位高,以保证支座的功效。如果病害情况影响到支座的使用功效,需要对支座进行及时更换。还应该建立定期更换制度,对到达使用年限的支座强制进行更换。

6 拱式桥上部结构构件技术状况评定

6.1 圬工拱桥

拱式桥的上部结构为桥梁的主要部件,不仅对安全使用至关重要,而且维修工作量和难度均较大,所以上部结构构件评定指标的类别标度≥3类就要进行及时维修。部分病害(如灰缝松散脱落、渗水、风化)由于其对桥梁的安全不至于造成决定性影响,故其标度最大只有3类。

6.2 钢筋混凝土拱桥

板拱桥、肋拱桥和箱拱桥部分病害(如接缝松散脱落、渗水、拱上填料排水不畅),由于其对桥梁的安全不至于造成决定性影响,故其标度最大只有4类。

混凝土材料的拱式桥中蜂窝、麻面、剥落、掉角、空洞、孔洞、混凝土保护层厚度、混凝土碳化等评定指标参考梁式桥相应评定指标的标准。

双曲拱桥作为我国特有的一种拱桥形式,其主拱圈及拱上结构的检查指标根据钢筋混凝土拱桥的主要缺陷及双曲拱桥独特的结构特点产生的主要病害和变形状况进行分类描述。双曲拱桥拱上结构的病害与板拱桥、肋拱桥和箱拱桥的拱上结构病害无明显区别,故本标准中双曲拱桥拱上结构病害都以板拱桥、肋拱桥和箱拱桥相关描述为准。

所有拱式桥桥面板评定指标及分级评定标准依照梁式桥上部结构构件相关规定。

6.3 钢—混凝土组合拱桥

钢—混凝土组合拱桥上部结构的检查指标根据其主要缺陷及不同构件的主要病害和变形状况进行分类描述。

对钢管混凝土直接用做主拱结构的拱桥及劲性骨架混凝土拱桥来说,混凝土材料表观检查指标,如蜂窝、麻面、剥落、露筋、空洞或孔洞、掉角、钢筋锈蚀、混凝土碳化和混凝土保护层厚度等,为各类混凝土桥梁的普遍检查指标,依照简支梁桥的相关规定。

6.4 钢拱桥

钢拱桥材料检查指标与钢梁桥相似,故以钢梁桥检查指标的评定为标准。

7 悬索桥主要构件技术状况评定

7.1 主缆～7.3 吊索

悬索桥主缆、索夹、吊索的检查指标,根据构件的主要缺陷和变形状况进行分类描述。悬索桥吊索的病害(如渗水、橡胶老化变质、掉漆、起皮和防护套破坏),由于其对悬索桥的安全不至于造成决定性影响,故其标度最大只有4类。

7.4 加劲梁

根据加劲梁的材料和结构状况将加劲梁分成预应力混凝土加劲梁、钢桁架加劲梁和钢箱加劲梁。

蜂窝、麻面、剥落、掉角、空洞、孔洞、混凝土保护层厚度、钢筋锈蚀和混凝土碳化为混凝土桥梁普遍病害,混凝土加劲梁与混凝土简支梁并没有明显区别,故本标准中加劲梁这些病害都以混凝土简支梁相关规定为准;而钢加劲梁中的涂层劣化、焊缝开裂、铆钉(螺栓)损失和结构变位等病害,在本标准中以钢梁桥相关规定为标准。

7.5 索塔

本标准中检测指标主要侧重于对索塔安全性的影响。对索塔倾斜变形、沉降和冲刷应及时进行检查,倾斜变形、沉降程度稍大就应该采取处治措施。

7.6 索鞍～7.8 锚杆

索鞍作为悬索桥次要部件,对悬索桥安全的重要性较主缆、吊索、索塔来说相对略低,故其标度设定最大只有4类。

本标准中锚碇的检测指标主要侧重于对锚碇安全性的影响。对锚碇来说,产生变形和位移是相当危险的,尤其是水平位移,故本标准中对水平位移仅设立了两个标度(完好和危险),只要有水平位移锚碇即为5类。

锚杆的检测指标与系杆拱或中承式拱桥的吊杆基本相同。

8 斜拉桥主要构件技术状况评定

8.1 斜拉索

斜拉桥的养护重点是斜拉索。斜拉索处在高的动应力状态且截面较小,所以对腐蚀十分敏感,其检查指标根据斜拉索材料主要缺陷进行分类描述。

斜拉索检查指标中的滑移变位、护套内的材料老化变质和锚固区损坏等病害,难以用准确的定量指标进行划分,故只从定性方面进行分类。为了便于一线养护工作者实际操作,本标准未对斜拉桥索力等指标进行划分,有条件的大型斜拉桥应定期对拉索的索力进行测定,依据测值来指导养护与维修。

8.2 斜拉索护套

鉴于斜拉桥的养护重点是斜拉索,拉索的防护尤为重要。针对常用的两种防护套(加聚乙烯护套和热挤压包裹聚乙烯护套)材料主要缺陷进行分类描述。

斜拉索护套检查指标中的护套裂缝、护套锈蚀、防护层破损、渗水等病害难以用准确的定量指标进行划分,故只作定性分类。

8.3 主梁

根据斜拉桥主梁的材料和结构状况将加劲梁分成预应力混凝土主梁、钢桁架主梁和钢箱主梁。

斜拉桥主梁的检查指标和分类方法与悬索桥预应力混凝土加劲梁、钢桁架加劲梁或钢箱加劲梁基本相同,视其采用的结构形式,参照悬索桥有关指标规定。

8.4 索塔

本标准中的检测指标主要侧重于对索塔安全性的影响。对索塔倾斜变形、沉降和冲刷应及时进行检查,倾斜变形、沉降等程度稍大就应该采取处治措施。

8.5 锚具

斜拉索两端锚具的锈蚀是斜拉桥锚具的主要病害,而引起斜拉桥锚具锈蚀的起因,如锚杯积水、锚具内潮湿和防锈油结块等病害,也是养护工作的重点。

由于斜拉桥锚具的锚杯积水、锈蚀和防锈油结块等检查指标,难以用准确的定量指标进行划分,故只从定性方面进行分类。

8.6 减震装置

部分斜拉桥装有减震装置,检查时主要针对是否有异常或失效,如发现问题应及时进行检修。

9 桥梁下部结构构件技术状况评定

9.1 桥墩

桥墩按照构件组成分为墩身、盖梁和系梁。

墩身的检查指标根据其主要材料缺陷和变形状况进行分类描述。

墩身为桥梁的主要部件,不仅对安全使用至关重要,而且维修工作量和难度均较大,所以对桥墩标度≥3类的情况就需要进行及时维修。

墩身位移指标由于较难以量化反映,本标准只进行定性描述和分类。墩身位移一旦出现,情形就较严重,故本标准中墩身位移的标度从3类开始。连续梁、连续刚构、拱桥等其他类型桥梁一旦发生墩台沉降或位移,即需要进行计算分析并采取应对措施。

墩身裂缝的描述根据裂缝的不同形态和发生部位分为网状裂缝、墩身的水平裂缝、竖向裂缝、从基础向上发展至墩身的裂缝、悬臂桥墩角隅处的裂缝、不等高的墩盖梁上的竖向裂缝以及镶面石突出的裂缝。

盖梁和系梁裂缝评定标准根据裂缝的不同形态和发生部位分为网状裂缝、由支承垫石从下向上发展的裂缝、墩帽顶面水平裂缝和盖梁自上而下的垂直裂缝。根据盖梁和系梁结构特点和裂缝对结构不同影响程度,对裂缝进行分类描述。

9.2 桥台

桥台按照其构件组成台身、台帽。

台身位移指标由于较难以量化反映,本标准只进行定性描述和分类。连续梁、连续刚构、拱桥等其他类型桥梁一旦发生墩台沉降或位移,即需要进行计算分析并采取应对措施。

台身裂缝的描述根据裂缝的不同形态和发生部位分为网状裂缝、从基础向上发展至台身的裂缝、台身的水平裂缝、竖向裂缝、翼墙和前墙断裂的裂缝和镶面石突出的裂缝。

台帽裂缝评定标准根据裂缝的不同形态和发生部位分为由支承垫石从下向上发展的裂缝、台帽自上而下的垂直裂缝,并进行分类描述。

9.3 基础

连续梁、连续刚构、拱桥等其他类型桥梁一旦发生基础沉降或位移,即需要进行计算分析并采取应对措施。

剥落、露筋、冲蚀等指标对明挖基础是不容易采集到的,但是在特殊情况下(如基础冲刷裸露时)也能采集到,基础缺损面积的百分比是相对于露出地面部分的基础面积,地基以下的基础不包含在内。

本标准中对基础的检测指标主要侧重于冲刷、淘空、损坏、基础沉降、滑移和倾斜和开裂等影响结构安全的方面。

9.4 翼墙、耳墙～9.6 河床及调治构造物

翼墙、耳墙和锥坡、护坡以及河床等为桥梁的次要部件,故其各检查指标的标度最大只有4类,且各检查指标较难以量化反映,本标准只进行定性分类和描述。

10 桥面系构件技术状况评定

10.1 桥面铺装

桥面铺装类型按材料不同分成沥青混凝土铺装和水泥混凝土铺装。

根据《公路桥涵养护规范》(JTG H11—2004)的规定和实际情况,桥面铺装为桥梁的次要部件,所以桥面铺装各检查指标的标度最大为4类。

检查和评定沥青混凝土桥面铺装,当桥面铺装出现纵向贯通裂缝并造成单板受力时,需要对梁(板)进行进一步检查和评定。

10.2 伸缩缝装置

为了便于养护工作者的实际操作,保证伸缩缝正常发挥作用,对功能失效或损坏的伸缩缝进行修理或更换,伸缩缝检查指标的定性和定量描述主要从使用功能方面进行分类描述。

10.3 人行道~10.6 照明、标志

人行道和栏杆(栏杆、护栏、防撞墙)属于桥梁的易损部件,主要根据使用功能正常与否来对其检查指标进行定性和定量描述,对影响使用的部件主要以养护更换为主。

防排水系统的检查指标主要从排水功能和排水设施的缺失进行分类并进行定性和定量描述。

照明设施和标志属于桥梁的易损部件,这些构件的完好与否与安全有着很大的关系。其检查指标主要从是否缺失和功能是否正常两方面进行分类描述。